高等教育运动医学&运动康复精品教材

运动损伤与急救

主　编：高　颀
副主编：侯世伦　梁晓杰

北京体育大学出版社

策划编辑：佟　晖
责任编辑：佟　晖
责任校对：李志诚
版式设计：李　鹤

图书在版编目（CIP）数据

运动损伤与急救 / 高颀主编. -- 北京 : 北京体育大学出版社, 2020.4（2025.1重印）
ISBN 978-7-5644-3346-8

Ⅰ. ①运… Ⅱ. ①高… Ⅲ. ①运动性疾病－损伤－急救 Ⅳ. ①R873.059.7

中国版本图书馆CIP数据核字(2020)第060506号

运动损伤与急救　　**高　颀　主编**

出版发行：北京体育大学出版社
地　　址：北京市海淀区农大南路1号院2号楼4层办公B-421
邮　　编：100084
网　　址：http：//cbs.bsu.edu.cn
发 行 部：010-62989320
邮 购 部：北京体育大学出版社读者服务部 010-62989432
印　　刷：北京昌联印刷有限公司
开　　本：787mm × 1092mm　　1/16
成品尺寸：185mm × 260mm
印　　张：10
字　　数：256千字
版　　次：2020年4月第1版
印　　次：2025年1月第6次印刷
定　　价：40.00元

编委会

主　编：高　颀

副主编：侯世伦　梁晓杰

编　委：（按姓氏笔画排序）

马　冰　侯世伦　高　颀　黄　鹏

麻春雁　梁晓杰

目　　录

第一章　运动损伤的基础 …… 1
第一节　运动损伤的类型和原因 …… 1
一、课堂教学 …… 1
二、自学内容 …… 11
第二节　运动损伤的组织病理 …… 16
一、课堂教学 …… 16
二、自学内容 …… 24
第三节　运动损伤的治疗和预防 …… 30
一、课堂教学 …… 30
二、自学内容 …… 38
第二章　常见运动损伤 …… 45
第一节　开放性软组织损伤 …… 45
一、课堂教学 …… 45
二、自学内容 …… 47
第二节　头部和躯干的运动损伤 …… 50
一、课堂教学 …… 50
二、自学内容 …… 57
第三节　上肢的运动损伤 …… 61
一、课堂教学 …… 61
二、自学内容 …… 71
第四节　下肢的运动损伤 …… 77
一、课堂教学 …… 77
二、自学内容 …… 87
第五节　一些特殊的运动损伤 …… 96
一、课堂教学 …… 96
二、自学内容 …… 103

第三章　运动急救 ……………………………………………………………108
第一节　教练员的职责 ……………………………………………………108
一、课堂教学 ……………………………………………………………108
二、自学内容 ……………………………………………………………115
第二节　现场损伤急救检查 ……………………………………………118
一、课堂教学 ……………………………………………………………118
二、自学内容 ……………………………………………………………123
第三节　运动急救基础 ……………………………………………………126
一、课堂教学 ……………………………………………………………126
二、自学内容 ……………………………………………………………136
第四节　呼吸和循环系统的急救 ………………………………………141
一、课堂教学 ……………………………………………………………141
二、自学内容 ……………………………………………………………149

第一章　运动损伤的基础

【内容提要和学习指导】

本章介绍运动损伤的类型，分析运动损伤发生的原因，阐述发生运动损伤的不同组织的特点和损伤发生机制；从不同的角度分析运动损伤的发生规律，介绍克服运动损伤潜在因素影响的措施；以细胞和组织的适应性变化和损伤后的基本变化为基础，从炎症和损伤修复方面阐述运动损伤发生的病理变化；介绍运动损伤的治疗康复原则和预防运动损伤的一般措施。学习时，应首先了解运动损伤的分类和不同类型运动损伤的特点，以运动损伤的发生原因和规律作为重点学习内容，理解不同组织发生运动损伤的特点和机制；以组织病理的基本变化为基础，了解运动损伤发生时病理变化的过程和特点。掌握不同运动损伤类型的基本治疗原则，了解损伤后的康复原则和运动损伤的支持疗法，理解预防运动损伤的基本原则和一般措施。

第一节　运动损伤的类型和原因

一、课堂教学

（一）概述

运动损伤是指在体育运动过程中所发生的各种损伤。运动损伤学是运动医学的重要组成部分，其主要任务是预防和治疗运动中的损伤，研究损伤发生的原因、机理、规律，并与相关人员（教练员、运动员、体育活动爱好者等）一起改进运动技术和训练手段，以提高运动成绩、延长运动寿命、降低运动损伤对运动造成的负面影响。

运动损伤对运动员造成的影响是十分严重的，可使运动员不能参加正常的训练和比赛，影响运动成绩的提高，缩短运动寿命，严重者还可使运动员残疾、死亡，给运动员带来极严重的生理、心理影响。因此，我们必须对损伤发生的原因、特点、规律加以深入研究，才能提出有针对性的防治措施，为改进体育教学、训练，提高运动训练的科学化水平提供依据，并把运动损伤的发生率及其危害程度降到最低。

（二）运动损伤的分类

运动损伤按照不同的标准和定义有不同的分类方法。最为常见的分类方法是依据运动损伤的机制、症状和病程阶段性的情况进行分类，分为急性损伤和慢性损伤。

急性损伤是一瞬间遭到直接暴力或间接暴力的冲击造成的损伤，损伤的原因和症状十分明确，如肌肉拉伤、关节韧带扭伤等。

慢性损伤是局部过度负荷，多次微细损伤积累而成的损伤，或者是由于急性损伤处理不当转化来的陈旧性损伤，如肩袖损伤、髌骨软骨软化症等。

根据定义，通常区别急性损伤和慢性损伤是很容易的。但是在慢性病理过程终结、症状突然出现时，慢性损伤和急性损伤的鉴定就会因为症状的突然出现变得困难。例如应力性骨折的发生，根据前述的定义，骨折的发生应该归于急性损伤，但是应力性骨折的发生是由于骨骼长时间使用过度出现疲劳、骨骼逐渐变得脆弱而导致的，因此应力性骨折应该归于慢性损伤。在慢性损伤的发生过程中，在运动员出现症状之前，组织损伤的过程已经开始了一定的时间。在多数的情况下，发生微细损伤的组织会自行修复，不会产生明显的临床症状。但是如果导致组织微细损伤的负荷持续下去，超出组织自身的修复能力，经过一定的时间，慢性损伤的临床症状就会出现，如同应力性骨折的最后阶段——发生骨折。

生物力学角度的描述，是理解急性损伤和慢性损伤之间区别的一种方法。所有组织都有耐受变形和应力的特殊能力，当超出其耐受能力时，组织就会受伤。当组织承受的负荷造成突然的不可逆形变时，组织的急性损伤就会发生。慢性损伤的发生则是反复过度负荷的结果，在这个过程中，一次过度负荷不足以引起不可逆的形变，但是当一段时间内这种负荷累积并超出组织的耐受能力时，慢性损伤就会发生。

在身体频繁接触、经常发生撞击为特征的项目中，如足球、手球、冰球等，急性损伤最为常见。在跌倒概率高、速度快的项目中，如公路自行车、速降滑雪、极限运动等，急性损伤也时有发生。在一些要求长时间训练、单调重复某些动作的项目中，如长跑、竞走、赛艇等，慢性损伤在运动损伤中占有很大比例。一些技术性项目，如体操、跳水、举重等，由于需要多次重复练习一个技术动作，慢性损伤发生的概率也很高。

（三）运动损伤的原因

1. 训练负荷不当

训练的基本原则是身体通过组织的特殊适应能力对训练负荷作出可预见的反应。当训练超出运动员已经习惯的负荷水平时，组织会试图适应这个新的负荷。运动系统的各类组织，包括骨骼、肌肉、韧带、肌腱、软骨，都会在适应中变得更加强壮和富有弹性。如果训练负荷超出了组织的适应能力，最终会发生运动损伤。慢性损伤的根本原因，就是因为训练过多、过频、过快而休息不足，即训练负荷的增加速度超出了组织的适应能力。

2. 对运动损伤的预防缺乏正确的认识

运动损伤的发生往往与体育运动组织者、教练员、运动员对预防运动损伤意义认识不足有关。由于缺乏运动损伤的基本知识，以及平时不注意对学生进行安全教育，在训练和比赛中，未积极采取各种行之有效的预防及保护措施，发生运动损伤后又不认真分析原因、总结经验，从而导致运动损伤时常发生。

3. 训练水平不足

素质训练、专项技术训练、战术训练及心理训练等不够。很多人对身体素质及身体训练不全面导致运动损伤的认识不足。从生理学的角度讲，无论哪种训练都是条件反射建立的过程，任何一种条件反射的动力定型不巩固，就会出现失误，就易发生损伤。此外，运动员心理素质差、比赛前紧张或过度兴奋、注意力不集中等均是致伤原因。

4. 教学、训练及比赛安排不合理

（1）准备活动不当

准备活动的目的是使神经系统、运动系统和内脏器官充分动员，以适应正式运动的需要。如果未做准备活动或准备活动不充分，都将使肌肉的力量、弹性和伸展性不够而致伤；如准备活动量过大或准备活动与专项运动结合得不好或未做专项准备活动，以及准备活动未遵守循序渐进的原则等都容易受伤。

（2）运动参加者自身状态不良

自身状态包括生理机能和心理状态两个方面。前者如睡眠不好、疲劳、患病或伤病初愈等均可使运动员力量及动作协调性下降，注意力不集中，从而导致技术上的错误而致伤；后者如心情不愉快、恐惧、胆怯或急躁情绪等都容易发生运动损伤。

（3）缺乏医务监督

运动参加者必须在训练前或比赛前进行体检及运动机能评定，以便为教练员提供科学的信息，从而合理安排训练。缺乏医务监督也是导致运动损伤的重要原因。

（4）场地、器材、服装不符合运动要求

如场馆光线不符合要求、通风差、场地不平、过硬、过滑，器械表面粗糙，服装、鞋袜大小不适等，均是导致运动损伤的因素。

（5）缺乏保护与帮助

运动员在训练和比赛中需要有自我保护意识。在身体状态不佳、条件允许的情况下，为了避免运动损伤的发生，运动员应该及时地减少或者终止运动。教练员需要有保护和帮助运动员避免运动损伤发生的意识，在训练和比赛中对致伤因素要有了解，能及时对训练和比赛做出调整，保护和帮助运动员降低运动损伤发生的风险。

此外，环境因素，如海拔过高、缺氧、阴暗天气光线不足、高温或寒冷潮湿，都会影响运动员的健康而造成损伤。在身体接触频繁、有冲撞的项目中，运动员的体育道德因素也不容忽视，运动员动作粗野、不遵守运动规则是造成损伤的重要原因。

（四）人体不同组织运动损伤的特点

1. 肌 肉

人体的肌肉主要存在于躯干和四肢，一般附着于骨，所以称为骨骼肌。成人的骨骼肌，男性约为体重的40%，女性约为35%，经过系统体育训练的人达到50%左右。骨骼肌由中间部分的肌腹和端部的肌腱构成（图1-1），肌腹由肌纤维（肌细胞）组成，若干个肌纤维集合成肌束，许多肌束合并成为整块肌肉。肌肉的核心功能就是生成力量。肌肉生成力量取决于各种条件，其中起决定性作用的是肌肉的工作性质。肌肉的工作性质可以分为向心性工作、离心性工作和等长工作。肌肉活动时关节角度没有发生变化称为等长工作，肌肉在生成力量时缩短称为向心性工作，肌肉在生成力量时拉长称为离心性工作。在向心性工作时，肌肉收缩的速度加快时，生成的最大力量下降；在离心性工作时，肌肉收缩速度加快，生成的力量加大。

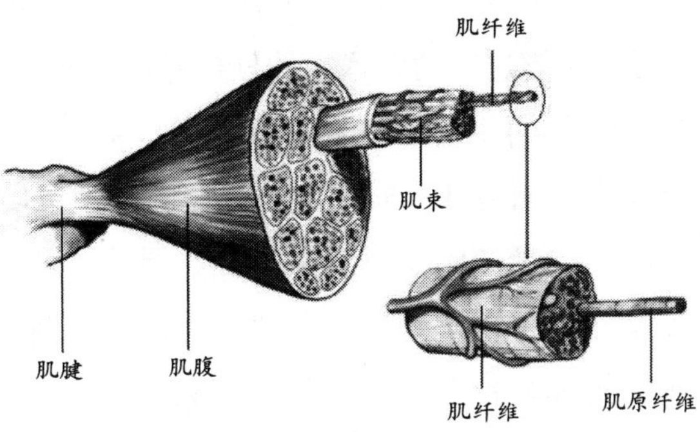

图1-1　肌肉的结构

肌肉对运动训练的反应很快，而且效果明显。经过训练后力量的增长主要是由于同时募集肌肉纤维能力的提高和肌肉容积增大。同时募集肌纤维能力提高在力量增长的初期作用最大，是对训练的反应。在之后力量的增长中，肌肉容积增大起主要的作用。肌肉容积的增大主要是各个肌纤维横截面积增大的结果。运动训练使肌肉力量增长，而其他相关的组织，如肌腱、软骨和骨骼则需要更多的时间来适应。这样，训练效果在不同组织的时效性不同，使得运动损伤的发生概率升高。

常见的肌肉损伤有两种形式：被拉伸和直接受创。肌肉在被拉伸时会发生捩伤、拉伤。在肌肉进行极限离心性工作时，常常会在肌肉—肌腱的附丽区发生拉伤。短跑项目的运动员特别容易发生这样的损伤，容易发生损伤的肌肉包括腘绳肌、内收肌和腓肠肌。肌肉直接受创会发生挫伤。股四头肌最常发生挫伤，由于股四头肌在大腿前外侧，容易受到创伤力的直接打击（如足球比赛时被对手膝部撞击）。不论是被拉伸还是直接受创，结果都是肌肉组织的内出血，原因是肌肉组织内血管丰富，而且通常受伤时该区域的血流充足。组织损伤和出血引起炎性反应是肌肉愈合反应的基础，能够导致瘢痕组织的形成。如果大量肌肉损伤，只有少量肌肉组织能够再生，损伤的肌肉组织被纤维化的瘢痕组织替代，失去收缩特性，使得再损伤的风险增高。

常见的一种运动训练后的反应是延迟性肌肉酸痛（肌肉僵硬）。一般是无害症状，多在运动员肌肉不习惯的用力后发生，是骨骼肌几何结构破坏的结果，伴有肌肉力量暂时的轻度下降。训练数小时后症状逐渐明显，在48小时左右出现症状高峰，运动后2～3天症状消失。

2. 骨骼

骨骼组成人体骨架的基本结构。从功能上看，骨骼可以被认为是一种特殊的连接组织。骨骼有许多重要的功能，包括保护器官、钙质储存库、骨髓的造血功能。在运动系统的功能中，骨骼最重要的功能是运动装置中的杠杆作用。骨骼不断地进行重塑，对机械负荷、全身的激素和钙的动态平衡之间的相互影响做出反应。

骨骼由细胞、胶原纤维、细胞外基质组成。骨骼的细胞可以分为3种，分别为骨细胞、成骨细胞和破骨细胞。成骨细胞位于骨骼表面，是形成骨骼的最重要的细胞；当成骨细胞形成足够的骨骼并被矿物化基质所包绕，这时它被称为骨骼细胞；破骨细胞也位于骨骼的表面，作用是吸收骨质。成骨细胞和破骨细胞的主要功能是骨骼的再成型，而骨骼再成型的好坏取决于各种维生素和矿物质的补充是否充足。骨骼细胞外基质由有机成分和无机成分组成。无机成分占骨骼重量的一半以上，主要由钙和磷酸盐组成，无机成分形成骨骼的硬度和强度，是骨骼的主要特性。骨骼的有机成分主要是胶原，有机成分是形成骨骼可塑性的因素。

骨骼具有特征性的负荷—变形曲线（图1-2）。在弹性区里骨骼承受的负荷和其变形能力之间呈线性关系。当骨骼承受的负荷逐渐加大时，负荷和变形之间的线性关系改变，这时骨骼将发生可塑性变形，即使负荷的变化很小，变形也会越来越大。当骨骼承受的负荷超出弹性区时，骨骼形状的改变将是永久性的（负荷结束后形状仍然没有改变）。所以，骨骼在承受较大负荷时可以造成完全性骨折。

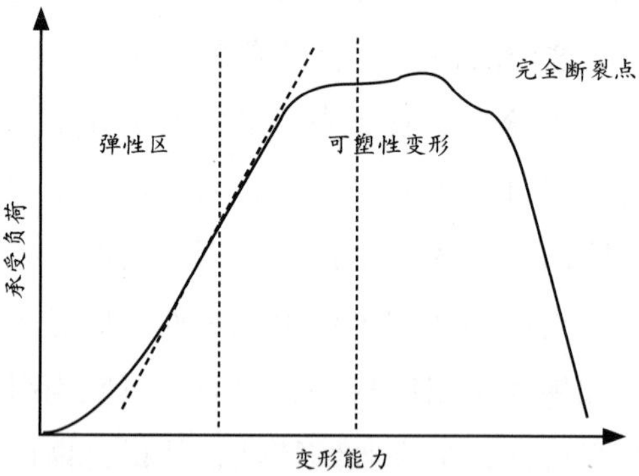

图1-2　骨骼的负荷—变形曲线

运动训练可以使骨骼的矿物质密度增加，不过这种变化不是发生在每一块骨骼中，这种变化具有特异性。当一块骨骼所承受的负荷超出平时承受的水平时，骨骼就会发生变形，加快骨骼形成新的结构来适应负荷的变化。常常使骨骼发生明显变形的运动，如起跳和着地，会加速骨骼新结构的形成。由骨骼变形和新结构形成的特点所决定，不是所有的项目都能使骨骼重量增加。爆发力项目和跳跃项目的运动员，如举重、排球、体操运动员，其骨骼的矿物质密度最大。自行车运动员和游泳运动员的骨骼矿物质密度和普通人比较并没有明显的差异。在生长期，骨骼对体力活动的反应最为强烈。老年人参加一定强度的力量训练能减缓甚至逆转骨骼矿物质密度下降的趋势。

骨骼在体育活动中发生损伤，可以分为急性骨折和应力性骨折。急性骨折是由于超出骨组织耐受能力的直接或者间接急性创伤所造成的骨折。急性骨折中，致伤力的类型和强度通常决定了骨折的特点。小区域骨骼受到直接创伤常常造成横向骨折，大面积骨骼受到巨大创伤造成粉碎性骨折，骨骼受到垂直的创伤力造成压缩性骨折，而骨骼受到旋转或者扭转的创伤力则会造成斜形骨折或者螺旋形骨折。如果创伤发生在骨骼的肌腱或者韧带的附丽区，会发生撕脱性骨折。应力性骨折的发生是骨骼对重复负荷的连续反应过程，不一定需要一种特定的创伤来诱发。超量负荷会引起骨骼的微细创伤和循环障碍，使得骨骼再成型加快、成骨细胞合并、破骨细胞活性提高。如果超量负荷持续，疼痛就会逐渐出现，随着创伤的积累，疼痛加重，疼痛出现的时间和频率增加，直到骨骼疲劳发生完全性骨折。应力性骨折是从加速再成型、应力性反应到完全性骨折的一个连续过程。

运动训练中骨骼的过度负荷是由多方面因素综合作用的结果。最重要的因素是训练问题，过多、过快、频率过大、休息不足的训练计划使得骨骼的超量负荷持续发生。另外，肌肉疲劳后对冲击力的吸收下降，训练的场地、器械和运动装备等都是造成骨骼过度负荷的常见因素。运动员饮食习惯和女性运动员的月经异常常常导致骨骼的矿物质密度下降，增加了骨折的风险。

3. 韧带

韧带将一个骨骼和另一个骨骼连接起来。韧带的主要功能是支持关节的稳定性。本体感觉是韧带的另一个重要的功能。

韧带主要由细胞、胶原纤维、蛋白聚糖构成。韧带中最丰富的细胞是纤维细胞，其功能是生成胶原。韧带中的胶原纤维可以是和肌肉纵向一致的平行排列，也可以是倾斜的。纤维的排列方向取决于每一条韧带的特殊功能。韧带可以直接或者间接嵌入骨骼。直接嵌入出现在纤维软骨和矿物化纤维软骨组成的过渡区，间接嵌入则是韧带长入骨骼周围的骨膜。韧带可以分为关节内韧带、关节囊韧带、关节外韧带，韧带的类型对韧带断裂后的愈合能力是至关重要的。关节内韧带，如前十字韧带，断裂后是无法愈合的；而关节囊韧带却有极好的愈合能力。韧带损伤后影响其愈合能力的一个重要因素是血液供应是否足够。关节囊韧带和关节囊周围的组织一样有良好的血液供应，而关节内韧带的血液供应相对来说不算丰富。

韧带有大量的不同的外周神经末端，可以将有关位置、移动、疼痛的信息传递到中枢神经系统。这些信息对有效控制关节周围的肌肉有极为重要的作用。韧带损伤能降低认知关节位置和移动的能力，使韧带再损伤的风险增加。

与骨骼类似，韧带在承受负荷时，也具有负荷—变形曲线（图1-3）。在波状的胶原纤维被拉直前，只需要很小的负荷就能引起纤维长度的明显变化。负荷进一步加大，胶原纤维被拉紧，负荷和变形之间呈线性关系。只要长度变化没有超出4%，韧带在弹性区内起着理想弹簧作用。如果负荷超出这一极限，胶原纤维将断裂，从单个纤维逐步到全部纤维功能丧失。

韧带对反复的负荷适应很慢，固定不动却能很快使韧带变弱。韧带对训练的适应是通过加大横截面积、改变自身的材料特性来增强其单位面积的强度。正常的活动完全能够维持韧带80%～90%的机械性能，系统训练可以使韧带的强度增加10%～20%。固定不动对韧带有消极作用，固定不动数周后，韧带的强度就会下降到固定前一半。韧带的张力可以在系统训练几个星期后得到恢复，但是韧带和骨骼的交界区仍然比较薄弱。

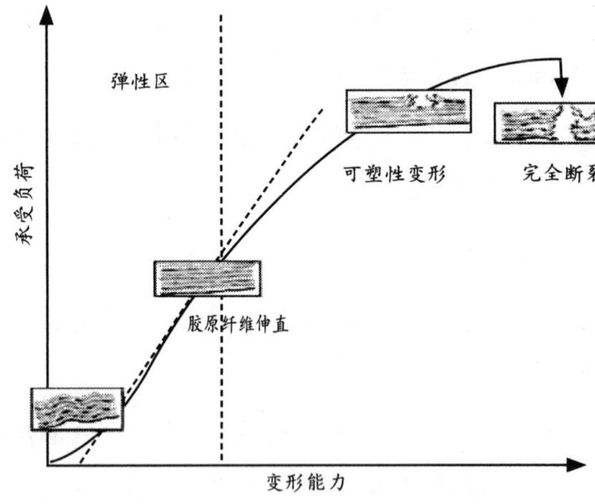

图1-3　韧带的负荷—变形曲线

韧带损伤通常是急性损伤，典型的损伤机制是在关节处于极端的位置下，韧带突然受到过度的牵拉，从而导致韧带断裂。韧带断裂可以是完全断裂，也可以是部分断裂，发生在韧带的中间部位或者韧带—骨骼附丽区，偶尔也发生撕脱性骨折（图1-4、

图1-5）。韧带的慢性损伤比较少见，很少有引起症状的炎症。慢性损伤的机制是，韧带由于反复的微细创伤而逐渐被牵拉伸展。以肩关节为例，需要反复做手臂上举过头动作的项目，如棒球、排球、手球、标枪等，运动员可能过度牵拉前关节囊韧带，损害肱骨关节盂的稳定性，使肩峰下结构受到挤压而产生疼痛。原发性慢性损伤不一定会产生临床症状，通常只有在关节失稳引起肌肉功能障碍或其他相关结构损伤时，才会产生症状。

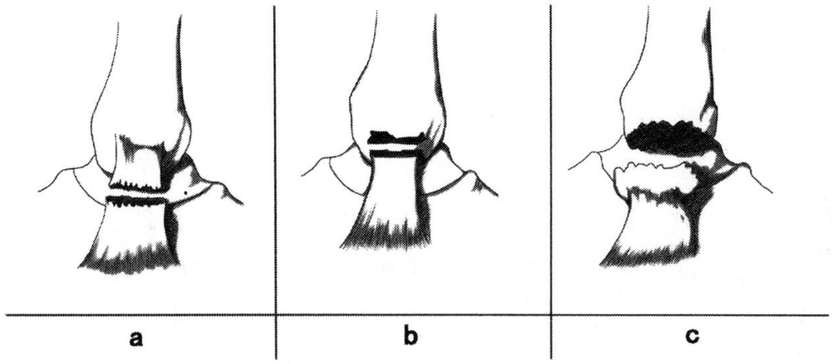

图1-4　韧带完全断裂：中间部位（a）、附丽区（b）和撕脱性骨折（c）

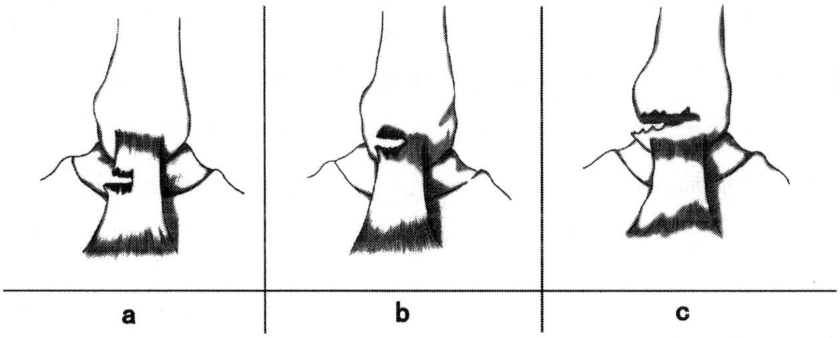

图1-5　韧带部分断裂：中间部位（a）、附丽区（b）和撕脱性骨折（c）

（五）运动损伤的发生规律

体育运动工作者和运动员如果掌握了运动损伤发生规律，就可采取适当的预防措施，从而降低运动损伤的发生率，对预防与治疗运动损伤具有重大意义。

1. 运动损伤发生与运动项目的关系

运动损伤的发生可因运动项目的不同而不同。运动损伤的发生与专项技术要求密切相关，而不同的运动项目又各有其不同的创伤好发部位及专项多发病，如篮球运动员最易伤膝关节（髌骨软骨病、半月板损伤、副韧带损伤）和踝关节（踝周韧带捩伤）；体操运动员易伤腰部（腰肌筋膜炎、棘突骨膜炎、椎板骨折）、肩关节（肩袖损伤、肱二头肌长头肌腱腱鞘炎）、膝关节（髌骨软骨病、半月板损伤）、腕关节（伸屈肌腱腱鞘炎）；跨栏运动员易伤大腿后群肌肉（腘绳肌拉伤）；投掷运动员易伤肩关节（肩袖损伤）、肘关节（肘内侧副韧带损伤、骨关节病）、腰部（腰肌筋膜炎）、膝关节（髌骨软骨病）。

2. 运动损伤的潜在因素

不同运动项目会发生身体不同部位的损伤，主要是受到运动项目的特殊技术要求和运动员身体某部位存在的解剖生理弱点两个潜在因素的影响。当这两个因素由于某种原因同时起作用时，即易发生运动损伤。以篮球为例，篮球运动员膝关节容易受伤。这是因为篮球运动员经常处于膝关节半屈位（130°～150°）时左右移动、进攻、防守、踏跳、上篮，使膝关节发生屈曲、扭转、摩擦等，膝关节半屈位正是它的解剖弱点，此时韧带及肌肉放松，关节杠杆长，导致关节稳定性相对较弱，因而易发生膝部软组织损伤（如韧带损伤、半月板损伤、髌骨软骨病）。体操运动员易出现的肩袖损伤也是如此。由于体操的吊环、高低杠、单双杠的各种悬吊及大幅度转肩动作的特殊要求，肩关节本身肩盂小、肱骨头大，要完成大范围的回转动作而不发生脱臼，主要是依靠肩袖肌腱的固定作用，因此肩袖在完成这些动作时负荷最重，成了易伤的弱点；又由于它在肱骨大结节的附丽区于抬肩时与肩峰经常摩擦，因此一旦活动过多、范围过大就易引起肩袖损伤。另外，运动员在入队时未经严格的体格检查，由于其先天畸形，如足副舟骨、二分髌骨、椎骨异常、盘状半月板等，也可成为某些项目运动损伤的潜在因素之一。

3. 运动损伤的致伤条件

虽然引起运动损伤有以上两个潜在因素，但如果没有外部因素的诱导，也不易发生运动损伤。例如，人体生理解剖比较薄弱的部位，往往在大强度负荷下才易造成损伤。超负荷的运动和不合理的训练方式是运动损伤的致伤条件。

二、自学内容

（一）运动损伤的其他分类

按照不同的评判标准，运动损伤有不同的分类。除了之前讲到的最为通常的急性损伤和慢性损伤的分类之外，还有一些较为常见的其他分类。

1. 按损伤后皮肤或黏膜完整与否分类

（1）开放性损伤

伤处皮肤或黏膜的完整性遭到破坏，有伤口与外界相通，如擦伤、穿刺伤、切割伤及撕裂伤等。

（2）闭合性损伤

伤处皮肤或黏膜无破损，没有伤口与外界相通，如挫伤、肌肉拉伤及关节韧带损伤等。

2. 按损伤的组织结构分类

损伤发生于什么组织即为什么类型损伤，如肌肉损伤、肌腱损伤、皮肤损伤、关节损伤、骨损伤、滑囊损伤、神经损伤等。

3. 按损伤性轻重分类

（1）轻度损伤

不影响正常的工作和训练。

（2）中度损伤

超过24小时不能正常工作或训练。

（3）重度损伤

必须要住院进行治疗和处理。

4. 按损伤与运动技术和训练的关系分类

（1）运动技术损伤

损伤的发生与运动技术及运动项目密切相关，其中有的是急性损伤，如肱骨投掷骨折、跟腱断裂等；但大多数属于过度使用造成的慢性损伤，是微细的慢性的损伤逐渐积累而成的，如足球踝、网球肘等。

（2）非运动技术损伤

损伤的发生与运动技术无关。

（二）肌腱和软骨运动损伤的特点

根据损伤的组织结构对运动损伤进行分类，可以分为骨骼损伤和软组织损伤。软组织损伤包括肌肉损伤、韧带损伤、肌腱损伤和软骨损伤。除了前述的肌肉损伤和韧带损伤外，肌腱损伤和软骨损伤也有各自不同的特点。

1. 肌腱

肌腱由结缔组织组成，将肌肉和骨骼连接起来，基本功能是将肌肉产生的力传导到骨骼，从而产生动作、维持关节的稳定。肌腱的结构（图1-6）和韧带十分类似，肌腱中的胶原是按照原胶原的平行方式排列，原胶原构成较大的结构，形成胶原纤维，再逐步构成亚原纤维、原纤维、腱束。腱束由腱内膜围绕，使腱束相互之间可以移动。腱内膜含有静脉、神经纤维和淋巴管。若干个腱束构成了一条肌腱，肌腱表面有腱外膜围绕，也含有血管、神经和淋巴管。与韧带不同，肌腱胶原是由大小不同的平行的多条的束组成，而韧带的胶原组成取决于功能的需要。

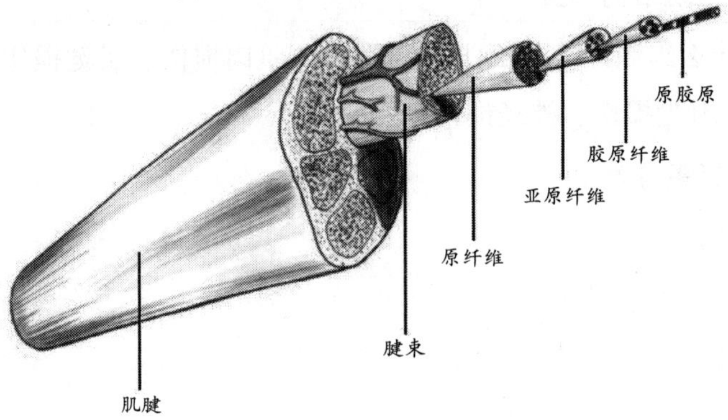

图1-6　肌腱的结构

肌腱和肌肉连接的一端，肌纤维终止于膜状小包内，小包突入肌、腱的交界区，胶原纤维蔓延入小包内，附着在肌纤维的基底膜上。在肌腱和骨骼连接的一端，肌腱以纤维软骨和矿物化的纤维软骨附着在骨骼上，少量的胶原纤维穿过矿物化的纤维软骨，到达骨质，形成更加紧密的连接。

肌腱的应力和变形之间的关系与韧带类似（图1-3）。正常的波状胶原纤维很容易被拉直，在弹性区内肌腱可看作理想弹簧，超出了一定极限后肌腱就会断裂，开始是单个纤维，然后是整个肌腱断裂。

肌腱对训练的适应和韧带类似，通过增加肌腱的横截面面积和改善构成肌腱的结缔组织的材料特性来实现对运动负荷的适应。

肌腱的损伤分为急性损伤和慢性损伤。如果施加的力超过了肌腱的耐受程度，肌腱就会发生急性断裂。肌腱部分断裂或完全断裂通常发生在肌腱的中部，但偶尔也发生在骨骼—肌腱附丽区，或发生撕脱性骨折。急性肌腱损伤大多数发生在参与“爆发力”项目的运动员中，肌腱断裂无前驱症状或预兆。另外，由于肌腱通常位于表浅部位，容易受到穿透性创伤（穿刺伤）和裂伤（割伤）这类严重的伤害。肌腱是最容易发生慢性损伤的组织。正常情况下，肌腱承受的负荷不能使得肌腱长度变化大于4%，但是有些运动项目的重复负荷超出了这一范围，可能造成胶原纤维的断裂。反复的微细创伤超过了肌腱内在的修复能力，导致了肌腱慢性损伤的发生。

2. 软骨

软骨有三种类型：弹性软骨、透明软骨和纤维软骨。其中，透明软骨最为重要，多数关节的关节面由透明软骨覆盖。透明软骨由分层排列的若干层细胞组成，表层细胞呈水平排列，深层细胞呈垂直排列。透明软骨中细胞所占不到10%，主要是大分子物质（20%）和水分（70%）。大分子物质主要是胶原纤维和蛋白聚糖，胶原构成一个原纤维网络，蛋白聚糖被编制入网络中。蛋白聚糖可以吸收水分并膨胀。软骨在承载来自关节的负荷时将软骨中的水分压出，在没有负荷时重新吸收水分。透明软骨没有神经、血管和淋巴。软骨中的细胞从周围组织和关节液吸收氧和营养，通过扩散将废物排出。通过负载和卸载的循环过程，透明软骨吸收营养并排除废物。

透明软骨的表层胶原纤维的结构呈水平网络状，中层胶原纤维的结构呈多向分布，深层胶原纤维的结构主要呈垂直分布。在透明软骨负载时，其负荷和变形之间的关系，在开始承受负荷时纤维呈波浪状，随着负荷的增大呈线性增大，胶原纤维被伸直，负荷继续增大到不能承受时胶原纤维开始断裂，起初是单个纤维断裂，然后更多的纤维发生断裂（图1-7）。

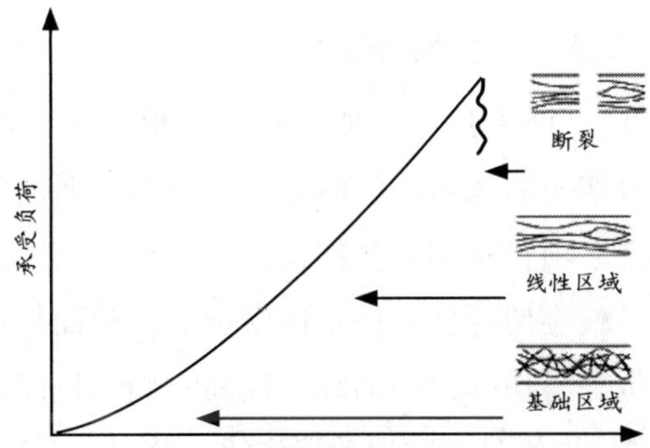

图1-7　透明软骨的负荷—变形曲线

纤维软骨更强、更柔韧，位置靠近关节、肌腱、韧带或与位于椎间盘中，在肌腱、韧带和骨骼之间形成一层防护表面。纤维软骨主要位于大关节处，如膝关节的半月板和肩关节的关节盂唇，有助于扩大关节面，提高关节的稳定性。纤维软骨和透明软骨不同的是，纤维软骨通常有血液供应和神经支配。

关节软骨的主动负荷能使营养物质在软骨内和四周循环，所以，负荷对于保持关节软骨的健康和功能是不可少的。软骨可以适应体力活动，固定不动会损害软骨的动态平衡和生理功能。当然，过度负荷会降低软骨的生物特性，随着时间的延长，软骨的过度负荷会导致骨关节炎的发生。

软骨的损伤分为急性损伤和慢性损伤。挫伤会损害透明软骨，挫伤可能造成软骨破裂或将力分散到关节，引起软骨垂直和横向的断裂。在急性关节损伤时常常会同时发生软骨损伤。

由于透明软骨组织中血液供应不足和细胞相对缺少，损伤后透明软骨自身修复能力有限。纤维软骨也有同样的问题，在血液供应相对丰富的区域自身修复能力良好，如半月板外周部分；在半月板的中央区域由于血液供应差，很难自我修复。

（三）降低运动损伤潜在因素影响的措施

为了减少运动损伤的发生，使损伤的两个潜在因素向有利的方向发展，主要可采取以下措施。

1. 加强易伤部位的准备活动和专项辅助活动

运动员的准备活动十分重要，尤其是对易伤部位的活动，不但能使局部血液循环增加，肌肉伸展性、弹性增加，应激力上升，关节柔软性增大，还能调整运动员的心理状态，减少紧张感和压力感，使运动损伤发生概率降到最低水平。

2. 加强易损部位的肌肉、韧带的力量练习

易损部位的肌力提高、韧带弹性增加，有利于预防运动损伤。例如，为了防止髌骨软骨病就应当加强股四头肌练习，使髌骨通过股四头肌的作用，发挥更大的稳定膝关节的功能。又如，许多项目腰部容易损伤，从某种意义上讲与对抗肌（腹肌）较薄弱有关，腹肌力量不足就会使脊柱的稳定性受影响，从而加重腰肌的负担而造成损伤。因此，加强薄弱部位和易伤部位的训练，提高它们的机能，并在发展肌肉力量的同时，发展肌肉的弹性和伸展性是预防运动损伤的一种积极手段。

3. 恰当地安排运动量

根据专项多发伤病的特点，恰当地安排运动量，避免过多的易伤动作的练习和局部负担过量的现象。例如，掷铁饼易患髌骨软骨病，在训练安排中就应注意膝关节半蹲发力的专项练习与辅助练习不能过多。

4. 使用护具和支持带

使用护具保护和各种性能特点不同的支持带，不论是在大运动量训练中还是在比赛中，都可以降低肌肉、关节发生损伤的风险，有效减少运动损伤的发生。

【本节小结】

运动损伤是运动训练中发生的各种损伤。

依据运动损伤的机制、症状和病程阶段性的情况分类，分为急性损伤和慢性损伤。急性损伤是一瞬间遭到直接暴力或间接暴力的冲击造成的损伤，损伤的原因和症状十分明确。慢性损伤是局部过度负荷，多次微细损伤积累而成的损伤，或者是由于急性损伤处理不当而转化成为陈旧性损伤。按照不同评判标准，运动损伤还有其他一些分类方法。

运动损伤的主要原因有4个：（1）训练负荷不当；（2）对运动损伤的预防缺乏正确的认识；（3）训练水平不足；（4）教学、训练及比赛安排不合理。

运动损伤发生的不同组织有不同的生物特性，对训练的适应能力也不同，如肌肉、骨骼、韧带、肌腱、软骨的运动损伤都有各自特点和机制。

运动损伤主要是受运动项目的特殊技术要求和运动员身体某部存在的解剖生理弱点两个潜在因素的影响。超负荷的运动和不合理的训练方式是运动损伤的致伤条件。为了减少运动损伤的发生，使损伤的两个潜在因素向有利的方向发展，可采取：（1）加强易伤部位的准备活动和专项辅助活动；（2）加强易损部位的肌肉、韧带的力量练习；（3）恰当地安排运动量；（4）使用护具和支持带。

思考题

1. 什么是运动损伤？运动损伤有什么危害？
2. 运动损伤如何分类？常用的损伤分类有哪些？
3. 什么是急性损伤？什么是慢性损伤？区别是什么？
4. 运动损伤的原因是什么？

5. 叙述肌肉、骨骼、韧带运动损伤的形式。

6. 运动损伤的潜在因素是什么？如何降低其影响？

第二节　运动损伤的组织病理

一、课堂教学

（一）组织损伤的基本变化

由于发生原因不同，组织损伤可表现为两种主要形式：一种是由于机械力的作用引起组织细胞的断裂，又称为创伤；另一种是由于物质代谢障碍所引起细胞和组织的损伤。这里主要讨论后一种组织损伤。细胞和组织损伤的表现形式和轻重程度不一，轻者导致细胞变性，重者则可引起细胞和组织的死亡。

1. 变 性

变性是指细胞或细胞间质内出现异常物质或原有正常物质数量显著增多的一类形态改变。一般而言，变性是可复性改变，当原因消除后，变性细胞的结构和功能可恢复。但严重的变性则往往不能恢复而发展为坏死。

（1）细胞水肿

受缺氧、缺血、电离辐射及冷、热、微生物毒素等影响，可导致细胞内水分增多，形成细胞水肿，严重时称为水变性。细胞水肿常发生于心、肝、肾的实质细胞内，是最常见的变性。

（2）玻璃样变性

玻璃样变性是十分常见的变性，又称透明变性。其主要见于结缔组织、血管壁，有时可见于细胞内。结缔组织的玻璃样变性主要见于增生的结缔组织，如肌肉严重拉伤后发生瘢痕修复，在此基础上可能发生玻璃样变性，使受损的肌肉组织弹性下降。

（3）脂肪变性

正常情况下，除脂肪细胞外，其他细胞内一般不见或仅见少量脂滴，如这些细胞中出现脂滴或脂滴明显增多，则称为脂肪变性。脂肪变性大多见于代谢旺盛、耗氧多的器官，如心脏、肝脏、肾脏等器官，尤其肝脏的脂肪变性最为常见（图1-8、图1-9），肝脏是脂肪代谢的重要场所。

其他较常见的变性还有纤维素样变性、黏液样变性及淀粉样变性。

多数变性通常为轻度或中度损伤的表现，当原因消除后可恢复正常，但如继续发展，则可形成更严重的变性或坏死。发生变性的组织器官功能下降。

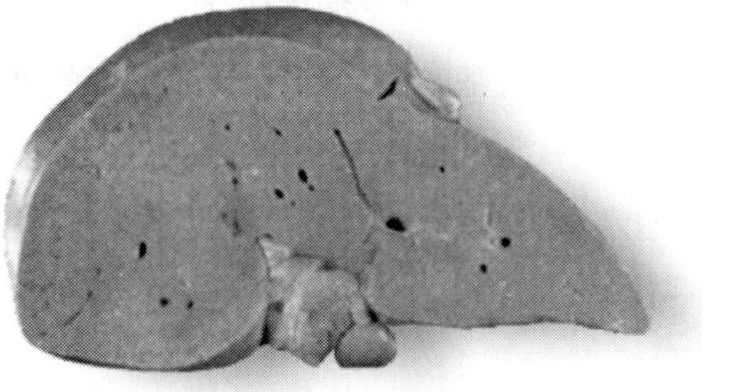

图1-8　脂肪肝，肝脏体积增大，被膜紧张

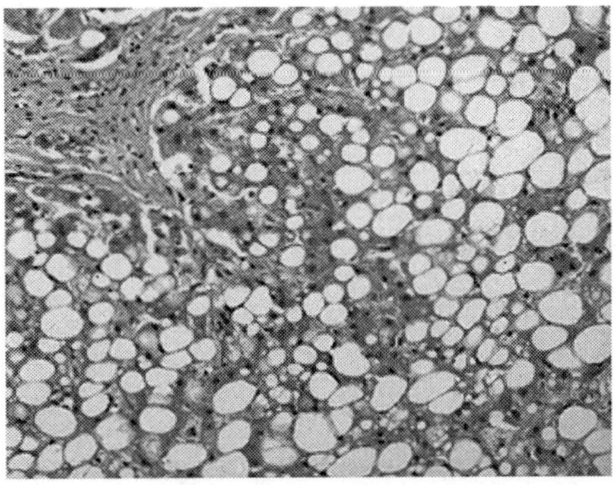

图1-9　肝细胞脂肪变性，肝细胞内充满了大小不等的圆形空泡

2. 坏死

活体组织内，局部组织、细胞的死亡称为坏死。坏死的组织、细胞代谢停止，功能丧失，并出现一系列的形态改变。坏死的原因多种多样，一切损伤因子，只要其作用达到一定的强度或持续一定的时间，从而使受损组织、细胞的代谢完全停止时，即引起组织、细胞的死亡。在多数情况下，坏死是由组织、细胞的变性逐渐发展而来的，即渐进性坏死。在此期间，只要坏死尚未发生而病因被消除，则组织、细胞的损伤可能恢复；一旦组织、细胞的损伤严重，代谢紊乱，出现一系列坏死的形态学改变时，则损伤不能再恢复。在个别情况下，由于致病因子极为强烈，坏死可迅速发生。

机体处理坏死组织的基本方式是来自坏死组织本身和中性粒细胞的溶蛋白酶将坏死物质分解、液化，然后由淋巴管和血管加以吸收，不能吸收的碎片则由巨噬细胞加以吞噬，留下较小的组织缺损由邻近细胞再生予以修复，较大的缺损则由肉芽组织形成予以修复。坏死灶较大或坏死组织难以溶解吸收，则由新生的结缔组织加以包裹。

（二）炎症

机体对各种因子引起的损伤所发生的一系列以防御为主的局部组织反应称为炎症。外源性和内源性损伤因子可引起细胞各种各样的损伤性病变，与此同时，机体的局部和全身则发生一系列复杂的反应，以局限和消灭损伤因子，清除和吸收坏死组织、细胞，并修复损伤，炎症就是机体的防御反应。

1. 炎症的基本病理改变

炎症的基本病变包括局部组织的变质、渗出和增生。在炎症过程中，这些病理变化按照一定的先后顺序发生，一般早期以变质、渗出为主，后期以增生为主，但三者是相互密切联系的。一般来说，变质属于损伤过程，渗出和增生属于抗损伤过程（图1-10）。

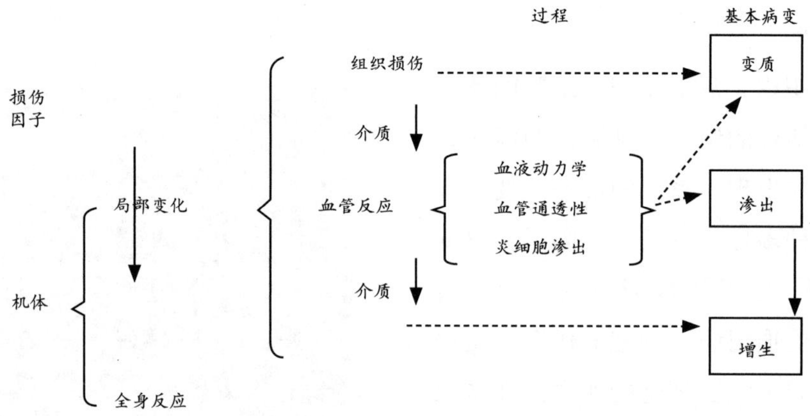

图1-10　炎症的发展过程和相互影响

（1）变质

炎症局部组织发生的变性和坏死称为变质。致炎因子的损伤作用、炎症过程中发生的血液循环障碍和炎症反应产物的共同作用，造成局部组织的变质。因此，变质的轻重由致炎因子和机体反应两个方面决定。

（2）渗出

炎症局部组织血管内的液体、蛋白质和血细胞通过血管壁进入组织间隙、体腔、体表或黏膜表面的过程称为渗出。以血管反应为中心的渗出性病变是炎症的重要标志，在局部具有重要的防御作用。

（3）增生

在致炎因子、组织崩解产物或某些理化因子的刺激下，炎症局部的巨噬细胞、内皮细胞和纤维母细胞可增生。在某些情况下局部的上皮细胞或实质细胞也可增生，正是这种增生反应使损伤组织得以修复。

总之，在炎症发生、发展过程中，变质、渗出、增生等基本病变相互影响，构成复杂的炎症反应。

2. 炎症的局部表现和全身反应

（1）炎症的局部表现

炎症的局部临床特征是红、肿、热、痛和功能障碍。红、热是由于炎症局部血管扩张、血流加快所致。肿是由于局部炎症性充血、血液成分渗出引起的。由于渗出物压迫和某些炎症介质直接作用于神经末梢而引起疼痛。基于炎症的部位、性质和严重程度将引起不同的功能障碍，如疲劳性骨膜炎可使运动功能下降。

（2）炎症的全身反应

炎症所引起的全身反应包括发热和末梢血白细胞计数增多。发热在感染性炎症，特别是当病原体蔓延入血液时，常表现得很突出。在细菌感染引起的炎症时，末梢血白细胞计数可达$15 \times 10^9 \sim 20 \times 10^9$/L，甚至更高。某些病毒性疾病和伤寒等炎症还能出现末梢血白细胞计数降低。

3. 炎症的防御性反应

以血管系统改变为中心的一系列局部反应，有利于清除消灭致病因子，液体的渗出可稀释毒素，吞噬搬运坏死组织以利于再生和修复，使致病因子局限在炎症部位而不蔓延至全身。因此，炎症是机体的防御性反应，通常对机体是有利的，如果没有炎症反应，人们将不能长期生存于这个充满致炎因子的自然环境中。

但是炎症对机体也有很大的潜在的危害性，严重的过敏反应可危及病人的生命；心包腔内纤维素性渗出物机化可形成缩窄性心包炎，进而影响心功能；发生于脑实质或脑膜的炎症可引起颅内压升高，甚至形成脑疝，致使生命中枢受压而造成病人死亡；此外，声带急性炎症水肿可导致窒息等。因此，在一定情况下应采取措施控制炎症反应。

4. 运动损伤引起的炎症

运动损伤引起的炎症一般是机械力和物理性因子引起的无菌性炎症。

肌肉和韧带的损伤是由直接或间接的创伤引起的。通常直接创伤指由钝挫伤或突发性负荷造成的损伤，又称为宏观损伤，如肌肉或韧带拉伤。与之相对，间接创伤是由亚极量负荷造成，引发一系列的临床表现。急性损伤即直接创伤源于突发性过度负荷，如100米跑运动员由静止姿势的突发性加速时引起的肌肉拉伤，常伴有充血、水肿等炎症反应；慢性损伤是因过度负荷积累引起机体组织变性，造成细微损伤并伴随炎症反应，如损伤性腱鞘炎的发生是由于肌肉反复收缩牵拉肌腱，腱鞘受到过度摩擦或挤压而发生损伤引起炎症。

肌肉损伤无论是直接的还是间接的，最终结果是组织机能障碍，并伴有炎症及组织内部的应力改变。损伤引起的功能障碍程度不同，有些运动员能够进行正常的日常生活，但参加训练和比赛的能力受到限制。

在运动中，肌腱也是一种容易受损伤的组织。肌腱主要由胶原纤维组成，在软组织中，它的弹性最小，肌肉拉伤最频繁发生的部位就是肌肉、肌腱汇合处，这正是由于肌鞘向肌腱过渡区域胶原纤维的增加，使这个局部区域的伸展性下降所致。在运动中，不同的负荷可使肌腱被牵拉或被撕裂。在较大负荷时，胶原纤维会变形，负荷解除后会恢复到它牵拉前的长度。过度负荷时，富含胶原纤维的组织被过度伸展，使被牵拉的组织受损而发生炎症。如体操、投掷等项目的运动员的肩袖损伤与肩关节反复完成超常范围的运动使肩袖肌腱与骨、韧带不断摩擦，或肌肉的反复牵拉使肌腱、滑囊发生微细损伤、过度使用有关（图1–11）。

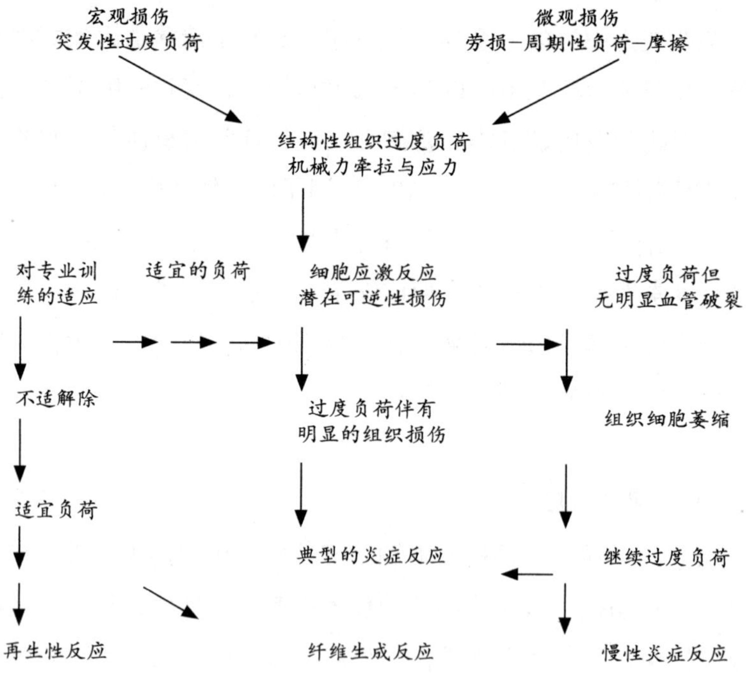

图1–11　运动损伤引起炎症的机理

（三）损伤的修复

损伤造成机体部分细胞和组织丧失后，机体对所形成的缺损进行修补恢复的过程，称为修复。修复后可完全或部分恢复原组织的结构和功能。

修复过程起始于炎症，炎症渗出处理坏死的细胞、组织碎片，然后由损伤局部周围的健康细胞分裂增生来完成修复过程。修复可分为两种不同的过程和结局：（1）由损伤周围的同种细胞来修复，称为再生。如果完全恢复了原组织的结构和功能，称为完全再生。（2）由纤维结缔组织来修复，称为纤维性修复。其常见于再生能力弱或缺乏再生能力的组织，当其发生缺损时，不能通过原来组织再生修复，而是由肉芽组织填补，以后形成瘢痕，故也称瘢痕修复。在多数情况下，由于有多种组织发生损伤，故上述两种修复过程常同时存在。

1. 再生

（1）再生的类型

再生可分为生理性再生和病理性再生。生理性再生是指生理过程中，有些细胞、组织不断老化、消耗，由新生的同种细胞不断补充，始终保持原有的结构和功能，维持机体的完整与稳定。例如，皮肤表层的角化细胞经常脱落，而表皮的基底细胞不断地增生、分化，予以补充；消化道黏膜上皮1～2天就更新一次；子宫内膜周期性脱落又由基底部细胞增生加以修复。病理性再生是指病理状态下细胞、组织缺损后发生的再生。

（2）各种组织的再生能力

不同组织有不同的再生能力，这是动物在长期进化过程中形成的。一般来说，分化低的组织比分化高的组织再生能力强，平时容易遭受损伤的组织及在生理条件下经常更新的组织，有较强的再生能力；反之，则再生能力较弱或缺乏。在人类组织中，结缔组织、小血管、皮肤、黏膜、骨以及神经纤维等组织的再生能力较强，肌肉、软骨的再生能力较弱，神经细胞缺乏再生能力。

2. 纤维性修复

纤维性修复是通过肉芽组织完成的。肉芽组织是由邻近健康组织生长出来的，由旺盛增生的毛细血管、纤维母细胞和多种炎细胞组成的幼稚的结缔组织，肉眼表现为鲜红色、颗粒状、柔软湿润、形似鲜嫩的肉芽而得名。肉芽组织中的炎细胞能够吞噬细菌、清除异物、溶解吸收坏死组织。

在纤维性修复过程中，首先是肉芽组织增生，溶解、吸收损伤局部的坏死组织及其他异物，并填补组织缺损，以后肉芽组织中的毛细血管逐渐减少，纤维母细胞转变为纤维细胞，胶原纤维逐渐增多，最后形成以胶原纤维为主的瘢痕组织，这种修复便告完成。有些特殊体质的人会出现瘢痕组织的过度增生，形成瘢痕疙瘩。

3. 创伤愈合

创伤愈合是指机体遭受外力作用，皮肤等组织出现离断或缺损后的愈合和修复过程，包括了各种组织的再生和肉芽组织的增生、瘢痕形成的复杂组合过程，表现为各种过程的协同作用。

最轻度的创伤仅限于皮肤表皮层；稍重者有皮肤和皮下组织断裂，并出现伤口；严重的创伤可有肌肉、肌腱、神经的断裂及骨折。

（1）创伤愈合的基本过程

创伤愈合的基本过程可以分为以下几个步骤发生。

炎症反应：伤口早期充血、渗出等炎症反应，使伤口周围表现为红肿，伤口中的血液凝固，逐渐有痂皮形成。

伤口缩小：伤后2～3天伤口边缘的整层皮肤及皮下组织向中心移动，于是伤口迅速缩小，直到14天左右停止。伤口收缩的意义在于缩小创面。

肉芽组织增生和瘢痕形成：大约从第3天开始从伤口底部及边缘长出肉芽组织填平伤口。从第5～第6天起纤维母细胞产生胶原纤维，随着胶原纤维的增多，出现瘢痕形成过程，大约在伤后一个月瘢痕完全形成。

表皮及其他组织再生：创伤发生24小时以内，伤口边缘的表皮基底细胞增生，并在凝块下面向伤口中心移动，形成单层上皮，覆盖于肉芽组织表面，当这些细胞彼此相遇时则停止前进，并增生、分化成为鳞状上皮。

（2）创伤愈合的类型

根据损伤程度及有无感染，创伤愈合可分为以下3种类型。

一期愈合：见于组织缺损少、创缘整齐、无感染、经粘合或缝合后创面对合严密的伤口，如手术切口。一期愈合的时间短，形成线状瘢痕。

二期愈合：见于组织缺损大，创缘不整，无法整齐对合，或伴有感染的伤口。这种伤口坏死组织多，炎症反应明显，愈合的时间较长，形成的瘢痕较大。

痂下愈合：主要见于皮肤的损伤，伤口表面的血液、渗出液及坏死物质干燥后形成黑色硬痂，在痂下进行上述愈合过程。待上皮再生完成后，痂皮即脱落。痂下愈合所需时间通常较无痂者长，因此时的表皮再生必须首先将痂皮溶解，然后才能继续生长。

（3）创伤愈合的影响因素

创伤愈合取决于组织的再生能力和损伤的程度，而组织的再生能力又与伤员全身的机能状况及局部的受损情况有关。一般来说，年龄小、营养充足、身体机能状态好，则创伤愈合较好；反之则较差。从局部来看，坏死组织少、血液供应好、无合并感染、无异物，则创伤愈合较好；反之则较差。

4. 骨折愈合

骨的完整性遭到破坏的损伤称为骨折。骨折通常分为外伤性骨折和病理性骨折两大类。外伤性骨折发生的主要原因有直接暴力、间接暴力、肌肉的强烈收缩和应力性骨折。骨的再生能力较强，经过良好复位的外伤性骨折，一般在3～4个月或更长一些时间内可完全愈合。骨内、外膜中骨母细胞的增生和产生新生骨质是骨折愈合的基础。

（1）骨折愈合过程

骨折愈合过程可分为以下几个阶段。

血肿形成期：骨折时除骨组织被破坏外，也伴有骨膜及附近软组织血管的破裂出血，填充在骨折断端及其周围组织内，形成血肿。与其他软组织的创伤一样，在骨折局部可以见到炎细胞浸润。

纤维性骨痂形成期：在骨折后的2～3天，从骨内膜及骨外膜增生的含有骨母细胞的肉芽组织长入血肿，血肿逐渐被这种特殊的肉芽组织代替，形成纤维性骨痂，将两断端连接在一起。此期需2～3周。

骨痂形成期：在纤维性骨痂的基础上，骨母细胞合成和分泌骨基质，沉积于细胞之间，形成类骨组织，以后骨母细胞发育成熟成为骨细胞，骨基质钙化，形成骨性骨痂。此时骨折的两断端已牢固地结合在一起，并且有支持负重功能，但骨小梁排列较疏松，故仍比正常骨脆弱。此期需4～8周。

骨痂改建期：根据功能需要，在应力的作用下，骨折断端形成的骨性骨痂可发生改建。多余的骨痂逐渐被吸收消失，不足部分长出新的骨痂，使骨密度增加，骨小梁逐渐恢复正常的排列方向，骨髓腔重新贯通，经过一段时间可完全恢复正常骨的结构和功能。

（2）应力性骨折及愈合

应力性骨折又称疲劳性骨折，可因骨质长期受到支撑面上较大的反作用力作用而引起，或者骨膜长期受到肌肉牵拉所致。例如，长跑运动员的下肢或体操运动员上肢的骨折。在韧带或骨组织施加压力可增加它们的强度或使它们变弱。支撑面上反作用力的作用或由肌肉活动引起的持续性张力可增加骨组织的溶解及导致一系列的微细骨折。换言之，如果骨的溶解大于骨的生成，可增加疲劳性骨折发生的可能性。

与急性骨折愈合一样，疲劳性骨折的愈合也包括骨组织溶解和生成之间平衡的调节。良好的平衡依赖于对这种状态的及早认识，以及尽早调节局部骨组织的负担。没有愈合的疲劳性骨折，在一段时期后可发展为完全的皮质性骨折，从而造成治疗上的困难。减少活动和限制训练中引起疲劳的其他因素可使骨损伤修复，能够承受正常的力量。

（3）影响骨折愈合的因素

影响骨折愈合的全身性因素与年龄、营养因素有关。年龄：儿童、青少年骨组织再生能力强，骨折愈合快；老年人骨组织再生能力较弱，骨折愈合时间也较长。营养：严重的蛋白质缺乏和维生素C缺乏可影响骨基质的胶原合成；维生素D缺乏可影响骨痂钙化，妨碍骨折愈合。

影响骨折愈合的局部因素与局部的血液供应骨折断端的状态、骨折断端的固定、感染等因素有关。局部的血液供应：如果骨折区域局部血液供应好则骨折愈合快，局部血液供应差则骨折愈合慢。骨折断端的状态：骨折断端对位不好或断端之间有软组织嵌塞，都会使愈合延缓甚至不能结合，如果骨组织损伤过重（如粉碎性骨折），尤其是骨膜破坏过多时，则骨的再生也较困难。骨折断端的固定：断端活动不仅可引起出血和软组织损伤，而且常常只有纤维性骨痂而难有新骨形成，为了促进骨折愈合，需有良好的复位和固定。感染：开放性骨折时常合并感染，延缓骨折愈合。

二、自学内容

（一）细胞和组织的适应性变化

当受到各种刺激因子刺激或环境发生改变时，细胞和组织发生相应的功能和形态改变的现象称为适应。适应在形态学上表现为肥大、增生、萎缩和化生，其实质是细胞生长和分化受到调整的结果，可以认为它们是正常细胞与损伤细胞之间的一种状态。

1. 肥大

发育正常的器官、组织、细胞体积增大称为肥大。肥大的细胞合成代谢增加、功能增强，是一种可恢复性变化。肥大可分为代偿性肥大和内分泌性肥大两类。

（1）代偿性肥大

代偿性肥大通常系由相应器官功能负荷加重引起的，如经训练的骨骼肌（图1-12）。骨骼肌肥大常表现为肌肉横截面面积的增加、体积增大，电子显微镜下可见肌动蛋白、肌球蛋白增多。

图1-12　骨骼肌肥大

（2）内分泌性肥大

内分泌性肥大是由于激素作用于相应的靶器官引起的肥大，如睾酮可使性器官肥大，妊娠期雌、孕激素影响下的子宫肥大等。

2. 增生

由于各种原因引起细胞繁殖使细胞数目增多的现象称为增生。细胞增生是由于各种原因引起的细胞有丝分裂活动增强的结果，通常为可复性的，当原因消除后可恢复正常。

（1）再生性增生

具有再生能力的组织细胞发生严重损伤时，可通过细胞再生而修复，使之在结构和功能上均恢复原状，如皮肤擦伤后的表皮再生、骨折的愈合等。

（2）内分泌障碍性增生

某些器官由于内分泌障碍可引起增生。例如，缺碘时可通过反馈机制障碍引起甲状腺增生，雌激素过多时的子宫内膜增生、乳腺增生等。

（3）过再生性增生

体内某些常发生慢性反复性损伤的部位，由于组织的反复再生修复而逐渐出现过度的增生，如慢性胃炎时的上皮腺样增生、慢性肝炎时的肝细胞增生等。此型增生常伴有细胞的异型性并可能进一步转化为肿瘤细胞，如慢性肝炎可发展为肝细胞肝癌。

3. 萎缩

发育正常的器官、组织、细胞体积缩小称为萎缩。最常见的萎缩有肌肉、骨骼、中枢神经系统和生殖器官的萎缩等。

萎缩通常是由于细胞的功能活动降低、血液及营养物质供应不足以及神经或/和内分泌刺激减少引起，萎缩细胞的细胞器减少甚至消失，如长期不运动的骨骼肌其肌原纤维中蛋白质大量丢失，以致留下互相靠近的细胞核，貌似肌细胞核增多（图1-13）。

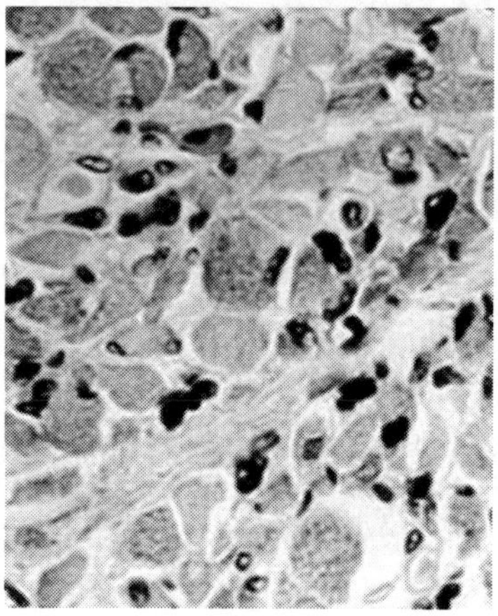

图1-13　高倍镜下观察萎缩的骨骼肌，细胞体积缩小，细胞核深染、密集

细胞、组织和器官萎缩的原因多种多样，但均含有环境条件变坏的因素，从而引起细胞、组织和器官的体积缩小及功能下降。根据病因，可将萎缩概括地分为两大类，即生理性萎缩和病理性萎缩。

生理性萎缩是指当机体发育到一定阶段时许多组织、器官可逐渐萎缩，这种现象又称为退化。例如，在幼儿阶段的动脉导管和脐带的萎缩退化、青春期后胸腺的逐步萎缩退化、妊娠期后子宫的复旧，以及哺乳后乳腺组织的复旧等。此外，在高龄时期几乎所有组织和器官均不同程度地出现萎缩，即老年性萎缩，尤以脑、心、肝、皮肤、骨骼等为显著。

病理性萎缩是指在病理状态下发生的萎缩，可表现为全身性和局部性萎缩。

萎缩一般是可复性的。只要萎缩的程度不十分严重，当原因去除后，萎缩的细胞、组织和器官可逐渐恢复原状。但病变如继续进展，则萎缩的细胞最后可消失。萎缩的细胞、组织和器官功能下降。

4. 化生

一种已分化成熟的组织受到理化刺激或因环境的改变而转变为另一种分化成熟组织的过程称为化生。但这种转化过程并非表现为已分化的细胞直接转变为另一种细胞，而是由具有分裂能力的未分化细胞向另一方向分化而成，并且只能转化为同一类型的细胞。

（1）鳞状上皮化生

这种化生常见于气管和支气管黏膜，此处黏膜上皮长期受理化刺激（如长期吸烟）或慢性炎症损害而反复再生时，可能出现化生，即由原来的纤毛柱状上皮转化为鳞状上皮。这是一种适应表现，通常为可复性。但若持续存在，则化生的上皮组织可出现异型性，并有可能发展为支气管鳞状细胞癌。

（2）肠上皮化生

这种特殊类型化生常见于胃，多见于较严重的慢性萎缩性胃炎或病程较久的胃溃疡病，可能成为肠型胃癌的发生基础。

（3）结缔组织和支持组织的化生

这种化生常见于由一种间叶组织分化为另一种间叶组织。这种情况也多为适应功能改变的结果，如骨骼肌反复外伤后可在肌组织内形成骨组织，骨化性肌炎即是如此。

（二）炎症

1. 炎症的常见类型

炎症通常可依病程经过分为两大类：急性炎症和慢性炎症。

（1）急性炎症

急性炎症起病急骤，持续时间短，仅几天到一个月，以渗出病变为其特征，炎症细胞浸润以中性粒细胞为主。

在急性炎症中，血液动力学的改变、血管通透性增高和白细胞渗出这三种改变十分明显。结果造成富含蛋白质的渗出液、纤维蛋白和白细胞在损伤部位的血管外间隙积聚。这就是急性炎症病理组织学的主要特征。例如，运动中关节扭伤、肌肉拉伤、软组织的钝挫伤后出现的局部红肿即为急性炎症的典型表现。

（2）慢性炎症

慢性炎症起病缓慢，持续时间较长，常数月到数年，以增生性病变为主。慢性炎症主要是纤维母细胞增生，有时伴有小血管增生，局部组织的某些特殊成分如炎症灶的被覆上皮、腺上皮及其他实质细胞也可发生明显的增生，其炎症细胞浸润则以巨噬细胞、浆细胞和淋巴细胞为主。

致炎因子持续存在并且损伤组织是发生慢性炎症的根本原因。各种器官的慢性炎症除从急性炎症转化而来的外，还可以因局部组织的慢性劳损引起。急性炎症的反复发作，而发作期间无明显症状也是慢性炎症，如慢性胆囊炎、慢性肾盂肾炎等。慢性炎症还可潜隐缓慢地逐渐发生，临床上开始并无急性炎症的表现。

2. 炎症的原因

任何能够引起组织损伤的因素都可能成为炎症的原因。致炎因素种类繁多，可归纳为以下几大类。

物理性因子：高热、低温、放射线、紫外线等。

化学性因子：包括内源性和外源性化学物质。外源性化学物质有强酸、强碱等腐蚀性物质及松节油、芥子气等。内源性化学毒物则为坏死组织的分解产物及某些病理条件下堆积在体内的代谢产物，如尿素等。

机械性因子：如切割、撞击、挤压等，在运动中关节扭伤、肌肉拉伤、软组织的钝挫伤均为机械因素引起的损伤，在此基础上可迅速发生炎症反应。

生物性因子：细菌、病毒、真菌、寄生虫等是最常见的致炎因子。它们通过在体内的繁殖，产生、释放毒素，直接导致细胞和组织的损伤，而且还可以通过其抗原性诱发免疫反应导致炎症。

免疫反应：各型异常的免疫反应均能造成组织和细胞的损伤而导致炎症。

损伤因子作用于机体是否引起炎症，以及炎症反应的强弱不仅与损伤因子的性质和损伤强度有关，而且还与机体对损伤因子的敏感性有关。此外，炎症反应的发展取决于损伤因子和机体反应性两方面的综合作用。

3. 韧带急性损伤的炎症过程

韧带的急性损伤，无论是部分断裂还是完全断裂，都会导致一系列的炎症过程，最后结果是组织修复、再生和瘢痕形成。整个过程分为炎症期、增生期和成熟期。

（1）炎症期

随着出血和血浆的渗出，凝血系统被激活，血液开始凝结，最终形成纤维蛋白、纤维结合素和胶原的网状结构。这个网状结构为血凝块提供了初始的强度，中性粒细胞释放出一系列的蛋白水解酶分解损伤的细胞外间质。血小板和巨噬细胞吸引和清除受损细胞，同时刺激细胞的分裂。炎症期持续时间为数天。

（2）增生期

损伤部位聚集大量的内皮细胞、成肌纤维细胞和成纤维细胞，在损伤部位边缘开始向内生长新的毛细血管，在数天内可建立丰富的毛细血管网。成肌纤维细胞、成纤维细胞于毛细血管网形成不成熟的肉芽组织，随后胶原大量生成。同时，早期的血块、损伤的细胞外结构和新形成的结构继续瓦解，通过持续清除和吞噬细胞外组织与细胞残骸，损伤组织逐渐得到修复和再成型，牵张力增强。增生期持续时间为数周。

（3）成熟期

通过瘢痕组织的不断再成型将构建最终的组织结构。在成熟期，巨噬细胞数量明显减少，低血流量的毛细血管有选择性地被清除，最终建立正常的血液供应。较粗的胶原纤维沿着张力方向形成，纤维之间建立了网络结构。成熟期持续时间为数月。

【本节小结】

细胞和组织受到各种刺激因子刺激或环境发生改变时发生相应的功能和形态改变的现象称为适应，在形态学上表现为肥大、增生、萎缩和化生。

由物质代谢障碍所引起细胞和组织的损伤可分为变性和坏死。

机体对各种因子引起的损伤所发生的一系列以防御为主的局部组织反应称为炎症。基本病变包括局部组织的变质、渗出和增生，可分为急性炎症和慢性炎症。运动损伤引起的炎症一般是机械力和物理性因子引起的无菌性炎症。

修复是损伤造成机体部分细胞和组织丧失后，机体对所形成的缺损进行修补恢复的过程，可分为再生和纤维性修复。

创伤愈合是指机体遭受外力作用，皮肤等组织出现离断或缺损后的愈合修复过程，可分为一期愈合、二期愈合和痂下愈合。

骨折的愈合通常分为急性骨折的愈合和应力性骨折的愈合。骨折的愈合受年龄、营养、局部血液供应、固定等因素的影响。

思考题

1. 什么是细胞和组织的适应？适应的形态学不同表现类型是什么？
2. 从表现形式上组织损伤有何不同类型？什么是变性？什么是坏死？
3. 什么是炎症？炎症如何分类？引起炎症的原因有哪些？
4. 叙述炎症的病理改变、局部表现和全身反应。
5. 叙述韧带急性损伤的炎症过程。
6. 叙述创伤愈合的基本过程和影响因素。
7. 叙述骨折愈合的基本过程和影响因素。

第三节　运动损伤的治疗和预防

一、课堂教学

（一）运动损伤的治疗原则

1. 急性损伤

大多数损伤，无论是肌肉、骨骼、韧带还是肌腱，在损伤后都会有出血。急性损伤紧急治疗的目的是尽可能地限制出血，然后再进行下一步的处理。急性损伤的治疗原则是按不同的病理过程进行处理，可分为早、中、后3个时期。

（1）早期处理

急性损伤早期是指损伤发生到伤后24～48小时这段时间。由于急性损伤导致局部组织的撕裂或断裂，血管损伤出血、渗出，出现明显的炎症反应，产生明显疼痛和功能障碍。早期处理的主要目的是尽快止血、防止或减轻局部炎症反应和肿胀、减轻疼痛。处理采用PRICE原则，即保护（Protect）和休息（Rest）、冰疗（Ice）、包扎压迫止血（Compression）、抬高患肢（Elevation）。

保护和休息：保护和休息的目的是避免进一步损伤和减少流入损伤部位的血流。在肌肉或韧带损伤时仅仅依靠休息不足以阻止血肿的发生，但是进一步的活动会增加出血量，导致损伤加重，所以必须立刻停止活动，对损伤部位可以通过夹板固定骨折、关节脱位、拉伤和对其他一些损伤加以保护。下肢有出血的软组织损伤发生后，在48小时内患者的损伤区域不应该负重，最好借助拐杖行走（图1-14）。

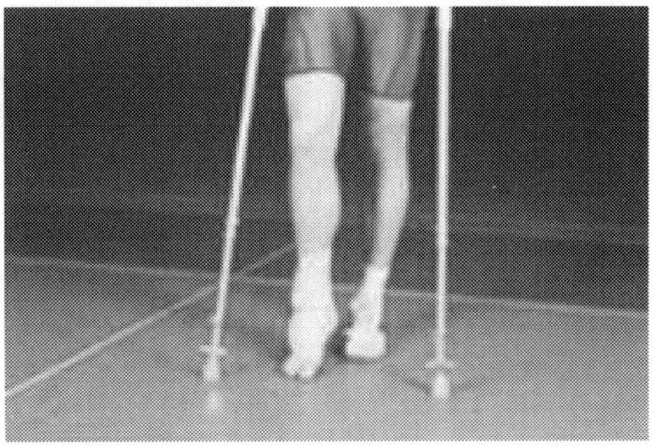

图1–14　下肢损伤后借助拐杖行走

冰疗：这里所指的“冰疗”是冷疗法的代称。使用冷冻方法治疗运动损伤的主要作用是镇痛；另外一个作用是减少出血。但是损伤发生后仅仅使用冷冻疗法减少出血是不够的。如果为了止痛，48小时内，每隔3～4小时重复使用冷冻疗法20分钟。运动损伤常用的冷冻疗法包括化学（一次性）冰袋、冷水、冰块和冷冻喷雾剂。在使用冷冻喷雾剂时，需要注意一次喷雾的时间，一次喷雾时间过长会造成皮肤冻伤。使用化学冰袋可以和弹性绷带配合使用，不仅可以有冷冻效果，也可以最大限度地压迫损伤部位（图1–15）。冰块也可和弹性绷带配合使用，但冰块必须用湿布包裹，防止冻伤。在早期处理中，冰水和冷水的使用很难与加压有效结合，在晚期则可以代替冰块。

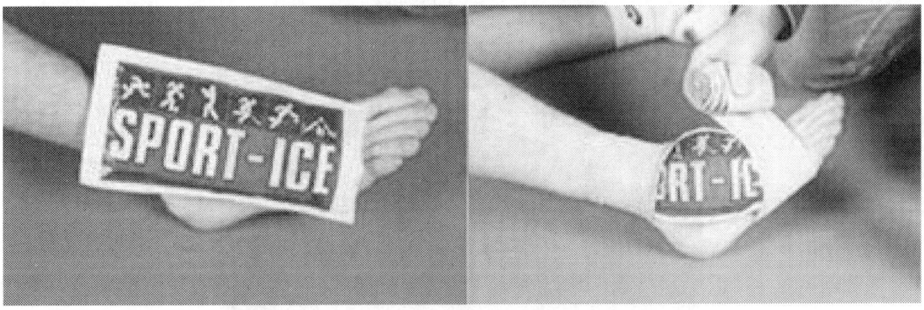

图1–15　冰袋和弹性绷带的配合使用

包扎压迫止血：压迫可以使组织间隙压力升高，从而减少出血和肿胀。采用常用的运动粘扎法即可对损伤发生部位进行加压包扎（图1–16）。使用弹性绷带进行加压包扎会有更好的效果。加压包扎可以在冷疗之间或之后进行，从损伤部位的远端向近端牢固包扎，每层绷带有部分重叠，开始部分包扎得紧一些，向上到达伤口部位时稍微轻一些。为达到更好的效果，绷带的加压包扎可以和冷冻疗法配合使用。另外，要经常检查皮肤颜色、温度和损伤部位的感觉，保证包扎没有压迫神经或阻断血流。24小时后可以拆除包扎。

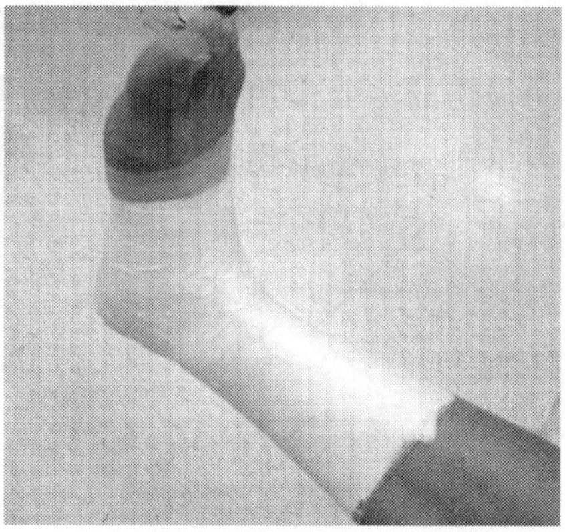

图1-16　使用普通胶布进行包扎压迫踝关节

抬高患肢：由于受伤部位只有抬高到心脏水平30厘米以上，才能减少血流，所以这项措施适合于肢体远端的损伤。在损伤后的24～48小时内，尽量使患肢的位置抬高至心脏水平（图1-17），这有助于加速静脉血液和淋巴液的回流，消肿和减轻局部瘀血。抬高患肢和加压包扎配合使用能够更加有效地降低血流量。

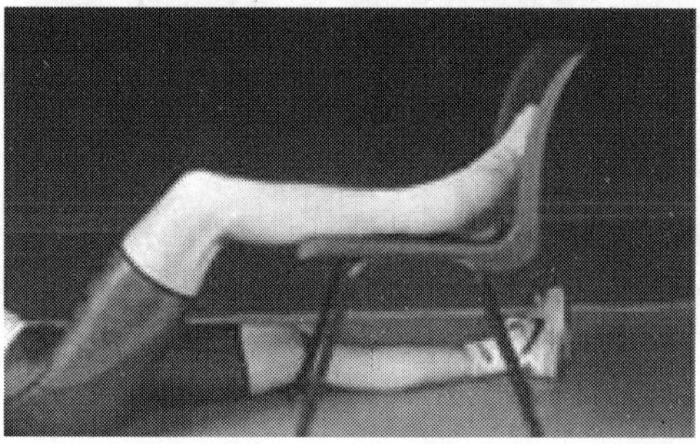

图1-17　使患肢的位置抬高至心脏水平

（2）中期处理

急性损伤发生后24～48小时后进入中期阶段，这时受伤部位的出血停止，急性炎症逐渐消退，但仍有瘀血和肿胀，肉芽组织开始生成和长入，形成瘢痕组织。这一阶段的主要目的是促进损伤部位的修复过程。处理原则是改善伤部的血液和淋巴循环，减轻瘀血；促进组织代谢和渗出液的吸收，加速再生修复。常用的处理方法有热疗、按摩、针灸等，同时，这个阶段要根据受伤情况进行适当的功能锻炼。在这个阶段应适当使用保护支持带，使受伤组织在保护下进行主动或被动的运动，以避免肌肉、关节和韧带过度受力。

（3）后期处理

运动损伤后期的主要表现是损伤部位已经基本修复，征象已基本消失，但功能尚未完全恢复，运动时仍感疼痛、酸软无力。有些严重病例可因粘连或瘢痕收缩出现伤部僵硬、活动受限等情况。这一阶段的主要目的是功能恢复。处理原则是增强和恢复肌肉、关节的功能。如有瘢痕，应设法使之软化、松解。治疗方面可采取热敷、按摩、药物治疗等。同时应根据伤情进行适当的康复功能锻炼，以保持机体神经、肌肉的良好功能状态，以及维持已经建立起来的条件反射及各器官与系统间的联系。

2. 慢性损伤

在运动损伤中，慢性损伤占据了很大的比例。与急性损伤不同，慢性损伤一般没有明确的诱发性创伤。慢性损伤是在一段时间内承受过大负荷的结果，所以治疗慢性损伤必须针对引起损伤的因素。

引起慢性损伤的危险因素可以分为外在因素和内在因素。外在因素包括训练不当、装备和运动器械、场地条件、环境和气候等。外在危险因素对运动损伤的影响在于对运动负荷的改变。从训练的因素而言，不一定是运动量的增大使运动负荷增加，新的训练方法、改变技术动作、采用新的训练方式，都可以使运动负荷发生改变。有时训练本身并不改变运动负荷，而与训练相关的因素有关，如变换装备，使用新的鞋子或者球拍，甚至新的护具，以及气候的变化和场地条件的不同，也可使运动负荷发生改变。这些变化都需要运动员去适应，从而改变原有的运动负荷。内在因素包括肌肉力量弱、肌肉力量不平衡、力量或柔韧素质提高迅速产生的不平衡、力量素质或柔韧素质特别不好、关节活动性太小或太大等。相对于外在危险因素，内在危险因素更加难以控制和消除，而单纯的内在因素很少引起损伤，但是它们可以增加损伤的危险性，纠正诱发损伤的内在因素对治疗慢性损伤是至关重要的。

如果引起慢性损伤的内在因素和外在因素被找出并得到控制，慢性损伤的致病基础就不存在了。在针对一些慢性损伤时，还采用其他措施来抑制炎症和刺激损伤组织的愈合，加强损伤部位的功能锻炼，使运动员身体状态能恢复到理想的水平。

（二）运动损伤的康复原则

运动损伤治疗的最终目的是使运动员早日恢复训练，提升身体状态到理想水平，重返赛场。运动员在不能最大限度进行训练期间，应该积极地投入康复训练中，避免肌肉力量和耐力的丢失，同时消除疼痛并恢复关节的活动范围。

通常运动损伤的康复分为3个阶段：急性阶段、康复阶段和训练阶段。这几个阶段持续的时间长短不一，常常是相互重叠的。

1. 急性阶段

这个阶段经历数天到数周的时间。急性阶段的主要目标是避免损伤恶化，运动员必须减少或完全停止参加常规训练和比赛。运动员的休息时间长短由损伤类型和运动项目共同决定。对于急性损伤，按照前述的PRICE原则进行治疗，通常需要固定不动并停止负荷。对于慢性损伤，必须停止损伤组织的负荷。有些慢性损伤的因素可以通过使用护具、调整装备和器材等方法来消除，没有必要完全停止负荷。在运动员找到诱发运动损伤的原因后，可以恢复不引起损伤恶化的所有活动，同时消除激化症状的各种因素。如果运动受到炎症和疼痛的影响，可以使用支持疗法进行治疗。

2. 康复阶段

这个阶段经历数周到数月的时间。康复阶段的主要目标是为运动员恢复正常和完全的训练做准备，主要目标包括关节活动范围正常化、正常的力量、正常的神经肌肉功能、正常的有氧能力。

关节活动范围正常化在康复中很重要，这是运动员恢复正常技术动作的前提，同时关节活动范围受限会限制力量训练的能力。关节活动范围正常化的最好方法是主动伸展练习。一些运动损伤在康复阶段开始时不能做到主动伸展，需要在治疗师的帮助下或借助器械进行被动伸展练习。在康复早期，专门针对损伤组织进行伸展的原则是力量轻，重复次数多；在后期逐渐延长伸展时间和加大力量。

为了保持全身的力量和肌肉耐力，运动员可以在损伤部位无负荷的前提下参加正常的训练，在康复期运动员常常可以对未受伤部位进行更多的训练。更加安全的方法是采用对损伤部位无负荷的代替训练，如水中慢跑、游泳和健身自行车运动。正确的代替训练可以缩短运动员重返赛场的时间。针对损伤结构的专门性训练是必须的。训练的强度、频率、持续时间由损伤的部位、损伤的组织、损伤的时间长短和损伤处理情况共同决定，另外也需要考虑到运动员的专项特点和要求。这样的训练针对性强，能够提高运动员所必须的素质，但是训练的控制和调整必须精细。

运动员的有氧运动能力会因为运动损伤的完全或部分休息而下降。在重返训练前，运动员必须要恢复有氧运动水平。在康复阶段可能会因为损伤而不能采用习惯的有氧训练方式，需要选用一些不同类型的有氧训练方式进行代替，如手摇功率车、自行车、游泳等。

利用专门练习恢复正常的神经肌肉功能在运动损伤的康复中是至关重要的。疼痛可能引起反射性抑制，使损伤关节周围肌肉募集方式发生改变，造成技术动作变形，产生不良的负荷方式。韧带的损伤可能造成本体感觉功能的下降，引起关节位置感觉和协调能力降低，容易使受伤部位发生再损伤。增强协调、平衡、传递重量、位置变化快速能力的专门训练，可以使运动员避免新的损伤的发生。

在康复阶段，确定使用训练的类型和训练量大小主要由疼痛和肿胀的程度来决定。通常是在不引起疼痛的水平进行训练。训练时常常会有疼痛发生，运动员自身会耐受一定的疼痛，所以必须确保训练的类型和训练量在训练后不会导致疼痛或肿胀的恶化。如果疼痛或肿胀进行性加重，需要考虑变化训练类型或调整训练量。

3. 训练阶段

这个阶段持续数周到数月的时间。训练阶段的目标是确保运动员恢复运动能力、耐受负荷的能力和重新参加比赛前承受正常训练的能力。在训练阶段必须要有耐心，运动员重复发生损伤的重要原因就是损伤尚未完全康复之前就急于恢复比赛。

在训练阶段，运动员和教练员要确保从有控制的康复锻炼逐渐过渡到接近运动专项的各种训练。对运动员进行可靠的测试是完全有必要的，以便确定运动员是否恢复承受运动训练负荷的能力。只有在生理和心理上都做好重新恢复运动训练和比赛的准备后，运动员才能重返赛场。

（三）预防运动损伤的原则和一般措施

1. 预防运动损伤的原则

每一次运动损伤对运动员的运动能力和竞技水平都是一次严重的破坏，为了避免或减少运动损伤的发生，预防非常重要。运动损伤的预防措施根据运动项目的特点而各有不同，但是预防运动损伤的原则是一致的，即了解运动损伤的危害和造成运动损伤的原因和危险因素，分析危险因素并消除或尽量降低危险因素带来的影响（图1-18）。

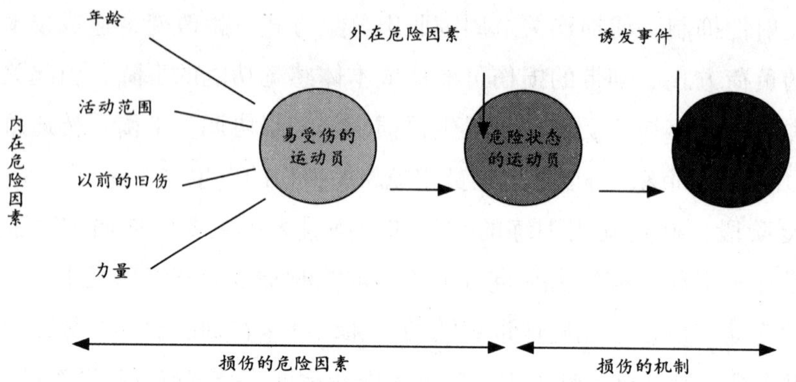

图1-18　运动损伤发生机制的模型

了解运动损伤的危害可以增加对运动损伤的认识，加强对运动损伤的预防意识。运动损伤的危害，可以从两方面理解：发病率和严重性。发病率可以显示运动损伤的危险性，不同运动项目的不同损伤有不同的发病率，发病率的高低可以使损伤的预防更加有针对性。运动损伤的严重性可以从损伤的类型和部位、治疗的方法和期限、无法参加正常训练比赛的时间等方面说明。对发病率高、严重程度大的损伤必须给予高度重视。

与治疗运动损伤一样，预防运动损伤必须充分了解损伤的原因。了解损伤的原因和影响运动损伤的内在和外在危险因素是分析运动损伤的危险因素的基础。分析运动损伤的危险因素的目的是找出在训练比赛中哪些是导致运动员受伤的最大危险因素，为制定预防措施提供重要依据。在分析时应注意，危险因素因运动项目而异，需要和教练员、运动员充分沟通，共同分析危险因素，根据分析制定相应的预防措施。

2. 运动损伤的一般预防措施

虽然运动损伤由于不同的运动项目、不同的损伤类型、不同的原因和危险因素有具体不同的预防措施，但是一些共同的原则可以用于预防运动损伤。

（1）热身和牵拉

在所有的训练和比赛前，充分热身是确保良好竞技状态和避免损伤的前提。热身通常从中等强度的练习开始，目的在于提高体温。然后进行牵拉练习，为肌肉和关节的最大用力做准备。牵拉练习必须包括静力性牵拉练习，通常每次10～15秒，一个肌群至少重复3次，所有相关的肌群都必须进行牵拉练习。需要注意的是，牵拉练习应与以加大关节活动范围的柔韧性练习区别开来。运动专项练习必须包括在热身练习中，使运动员能够逐步达到理想的运动强度。

（2）循序渐进训练

过快增加训练负荷是慢性损伤的一个最为重要的危险因素。运动员要提高成绩，必须要使训练负荷超过自己已经适应的水平，为此就必须增加训练的强度、时间和频率，或改换新的训练方法，而损伤的危险和训练计划的改变密切相关。改变训练负荷必须计划周密，应该给予充分的时间来适应训练负荷的变化。在集体项目中，运动员个体间的差异使得适应时间长短不同，应该充分保证运动员的适应时间。改变运动负荷时的训练，关键就是循序渐进。

（3）使用护具和检查装备场地

运动中使用护具是预防损伤的最好措施之一。运动员佩戴护具最重要的是贴合。此外，场地的保护装置也是非常重要的，如冰球场地周边的防护垫、高山速降雪道的防护网等。场地保护装置需要进行严格的检查，保证能够起到保护运动员的作用。训练或比赛前对场地和器械进行检查，确保不存在潜在的危险因素，降低运动损伤发生的风险。

（4）体检

筛选性身体检查是一项有效的普遍使用的预防运动损伤的措施。在挑选运动员或运动员入队前进行全面的身体检查是有必要的，体检可以排除有心血管疾病、心脏系统症状或其他在运动中会引发危险的疾病的患者，避免在训练、比赛中发生危险。患病或受伤的运动员也必须进行检查，评估其潜在的危险性，对其训练计划进行必要的调整。在新的赛季开始前或休假结束重新开始训练前，进行体检可能发现一些增加运动员损伤的潜在因素，如身体水平下降、关节稳定度降低、旧伤的后遗症等。及时发现可以尽早排除这些潜在因素的影响，降低损伤发生的风险。

（5）体育道德

许多有身体接触、发生冲撞的运动项目，都有严格的比赛规则，对运动员在比赛中的行为做出了规定，防止危险的发生。一些运动项目的规则和比赛器械也在逐步改进，适应运动的发展和降低运动的危害，如一些项目规定了佩戴安全护具的要求。比赛规则的执行除了裁判员的监督和教练员的教导外，最重要的是运动员对比赛规则的尊重和对公平竞赛的正确态度。运动员应该有良好的体育道德，认识自己的责任，对比赛规则的执行和尊重，这些不仅是降低对手也是降低自身发生损伤风险的措施。

二、自学内容

（一）慢性损伤的治疗——防止不活动

慢性损伤发生常常会降低患者的活动水平，不活动会导致肌肉、骨骼系统各部分的萎缩，同时不活动会损害整个身体状态，使患者恢复到理想水平的难度加大。此外，软骨和韧带在不活动后萎缩也很快。

肌肉组织会因为损伤发生时疼痛引起的反射性抑制发生萎缩，关节肿胀时通过反射性抑制同样能够造成肌肉萎缩。在休息不动时，肌肉组织也会发生萎缩。Ⅰ型纤维（红肌）萎缩最快。等长工作练习能够对抗肌肉的萎缩，但是不能完全预防萎缩。电刺激也能够减慢肌肉的萎缩。关节软骨特别容易萎缩。6天固定后关节软骨就会发生形态学上的变化，蛋白聚糖的合成和聚集减少。如果固定持续一定的时间，就会导致骨关节炎的发生。肌腱、韧带、关节囊在固定后的情况和肌肉、关节软骨类似，都会发生功能下降。在8周的固定后，韧带强度会丧失40%，柔韧性会丧失30%。

防止不活动是治疗慢性损伤的一个重要部分。整个过程中早期活动是关键，在患者无法主动活动或不允许活动期间，要坚持做被动活动。对于小的非负重的关节，被动活动的效果非常好。但是在防止不活动的过程中一定要注意不要过于激烈，以免伤及正在恢复的受伤组织。慢性损伤后应尽最大可能避免不活动，特别是完全固定不动，最好避免过长的固定时间。

（二）运动损伤的支持疗法

支持疗法是对运动损伤的辅助治疗方法，包括药物治疗、电疗、冷疗、热疗等。支持疗法对抗炎症和镇痛的作用对于运动损伤来说很重要，抗炎和镇痛可以让运动员尽可能地开展康复练习，避免不活动带来的负面影响。对于急性损伤，抗炎和镇痛可以大幅度减少新形成的瘢痕中的炎症，大幅度减少滑膜炎和腱鞘炎等急性炎症；对于慢性损伤，使用支持疗法可以减轻慢性损伤的症状。

1. 冷疗法

在急性损伤的PRICE原则中已经介绍了冷疗法，急性期冷疗法的主要作用是镇痛。对于急性损伤后期和慢性损伤而言，除了镇痛，冷疗法还有收缩血管的作用，可以减少流向体表组织（2～4厘米深度）的血流。另外，冷疗法可以抑制酶的功能，降低代谢率，减少或阻断来自外周疼痛纤维的神经冲动，对肌肉痉挛的缓解有好处。

冷疗法可以在损伤早期的训练前使用，以减轻疼痛和痉挛；在训练后使用可以镇痛和消肿。如PRICE原则中说明的一样，冷疗法有多种方式，利用流动的冷水或天然的雪都可以进行，也包括冰水浴。20～30分钟的冷疗效果最好，超出时间不会产生更大的效果，反而会增加冻伤的风险。在使用冷疗法时，应该避免对皮肤和关节附近表浅神经造成冻伤。

2. 热疗法

热疗法可以提高胶原组织的弹性、增加关节的活动度，是减少肌肉痉挛和减轻疼痛的有效方法。热疗法可以促进静脉和淋巴回流，增加组织氧气供应，加强组织代谢，同时还会使白细胞和巨噬细胞数量增加。热疗法的不良作用在于增加血管的通透性，造成血管内液体的外溢，引起水肿，所以在急性损伤的急性期必须避免热疗法。

热疗法的镇痛效果主要与提高损伤部位的痛阈、清除导致疼痛的介质等作用有关。通过这些作用，热疗法抑制了“疼痛—痉挛—疼痛”这种恶性循环的发展。热疗法的方式包括热水浴、热水袋、超声波、光疗、电疗等。

3. 药物疗法

不论是急性损伤还是慢性损伤，疼痛始终是一种症状。神经末梢受到周围组织炎症产生的化学物质的刺激或单纯的机械刺激引起疼痛，许多具有外周作用的药物可以治疗疼痛，包括对乙酰氨基酚、乙酰水杨酸或其他非甾体抗炎药；也可以使用具有中枢作用的药物进行治疗，包括可待因、丙氧酚和曲蚂多。对乙酰氨基酚有镇痛效果和退烧效果，但是没有抗炎作用，不过对血小板没有影响，可以用于急性损伤的镇痛。小剂量的乙酰水杨酸既可外周镇痛，又有退烧效果；大剂量使用乙酰水杨酸还有抗炎的效果。乙酰水杨酸的应用很多，但是需注意的是，乙酰水杨酸会抑制血小板聚集，增加出血倾向。非甾体抗炎药是广泛应用的运动损伤治疗药物，有口服、外用、注射等形式，主要通过抑制炎症中的一种重要介质——前列腺素的释放起作用，有抗炎、镇痛、退烧的效果。不同的非甾体抗炎药有不同的效果，在急性损伤中需要使用作用快的制剂。其他一些常用的消炎镇痛药包括：复方阿斯匹林（APC），主要有解热、镇痛和消炎、抗风湿等作用，常用于发热、头痛、肌肉痛、神经痛及风湿痛等；优布芬，主要作用有解热、镇痛、消炎，用于风湿性、类风湿性关节炎、骨关节炎外伤及手术后的抗炎镇痛；去痛片，为非成瘾性镇痛药，镇痛强度与可待因相同，适用于各种慢性疼痛。

注射皮质类固醇是治疗风湿关节炎的通用方法，在慢性损伤的治疗中，注射皮质类固醇是普遍的，尤其在治疗滑囊炎、腱周炎时。皮质类固醇可以阻断炎症的早期环节，从而具有明显的效果。常用的皮质类固醇为醋酸氢化可的松和强的松龙，有维持毛细血管的正常通透性，减少渗出液，防止水肿及抗创伤性炎症的作用，并能抑制结缔组织增生，减少瘢痕形成。主要适应于腱鞘炎、滑囊炎、肌肉拉伤，创伤性肌腱炎及慢性创伤性关节炎等。通常用法是将药液与4倍左右1%～2%的盐酸普鲁卡因混合后进行伤部痛点注射，用量根据损伤的种类和部位不同而异，一般为0.25毫升～1毫升，对于骨折、化脓性炎症、出血及水肿严重者禁用。在肌腱内或肌腱周围注射皮质类固醇会使肌腱的生物特性下降，从而引发肌腱断裂，所以有必要注射皮质类固醇药物时，要避免直接注射在肌腱内或肌腱四周。注射皮质类固醇不能在急性损伤的治疗中使用，同样也不主张在儿童中使用。一次注射后至少要相对休息和无负荷2周的时间。如果第一次注射效果不明显，可以重复注射，但一个部位只能连续注射3次，并应有数周的间隔。如果使用过多，可影响组织修复，使组织韧度降低，易于断裂。

需要注意的是，运动员必须要对药物疗法有所认知，清楚自身责任，所有用药必须在医生的指导下使用，运动员不可随便使用或服用药物。

（三）损伤预防措施的举例

1. 预防腘绳肌拉伤

腘绳肌属双关节肌，功能是伸展髋关节和屈曲膝关节。腘绳肌拉伤通常发生在肌腱和肌肉的交界区。在最大用力冲刺时或全力踢球时经常发生腘绳肌拉伤，在短跑和足球运动员中腘绳肌拉伤最为常见。热身不足是腘绳肌拉伤的一个主要危险因素，一部分运动员由于腘绳肌旧伤形成的瘢痕而降低活动范围，造成腘绳肌再次拉伤。另外，股四头肌力量太强，股四头肌和腘绳肌的力量失衡，腘绳肌拉伤的概率会加大。

在预防腘绳肌拉伤中，充分热身最为重要。在进行最大用力冲刺之前应该注意牵拉大腿后部的肌群，这样可以使肌肉对承担的最大负荷有所准备。在寒冷的天气下，运动员必须身穿保暖的服装并避免进行极限冲刺练习。如果运动员想提高柔韧性、加大关节活动范围，必须进行专门的系统牵拉和柔韧性练习，最好安排在训练结束前进行。预防腘绳肌拉伤，加强大腿后群肌肉的力量是很有必要的，要重视肌肉离心工作的训练。下面是几种预防腘绳肌拉伤的练习。

热身练习：每次训练和比赛前热身时，在最大用力冲刺时或全力踢球前要牵拉腘绳肌。最好在其他运动员的帮助下进行练习。踝关节放松，脚跟向着地面下压5～10秒来激活腘绳肌，然后放松。练习时用手下压膝关节使之伸直，持续20秒后放松。如果有必要，身体稍微前倾，直到腘绳肌有受到牵拉的感觉（有轻微的痛感），注意不要使上身弯曲。每条腿各牵拉3次（图1-19）。

图1-19　热身时牵拉腘绳肌

柔韧性练习：如果运动员相关的关节活动范围有限，需要经常牵拉腘绳肌以改善相关关节的活动范围，在准备期或赛季前每周至少3次，在比赛期或赛季中每周至少2次。采用本体神经肌肉促进法（PNF）进行牵拉，需要其他运动员帮助将腿抬高，膝关节可以有稍微的弯曲，直到大腿后部有被牵拉的感觉，保持一段时间后全力主动压腿；同伴对抗这个压腿动作尽量保持腿的位置不动，保持10秒后放松；同伴将腿抬高到新获得的范围，放松45秒后重复主动压腿的过程，再获得新的活动范围。这样每条腿重复进行3次。注意踝关节保持放松（图1-20）。

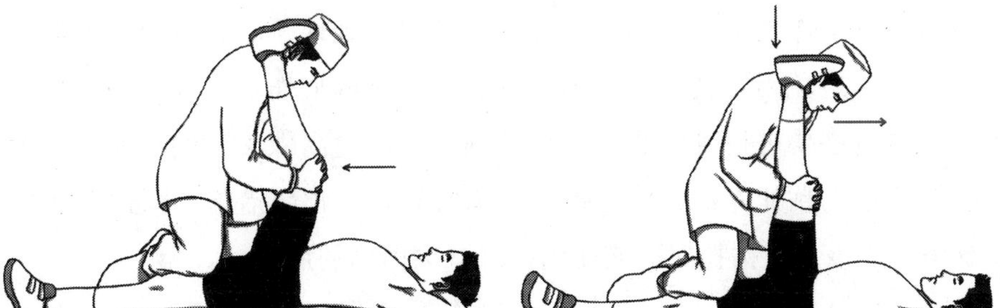

图1-20　柔韧性练习的PNF牵拉腘绳肌

离心力量训练：准备期每周至少进行3次腘绳肌离心力量训练，比赛期间每周也需要进行至少2次的练习。腘绳肌离心力量练习必须两个人一起配合进行。运动员采用跪姿开始，同伴将小腿固定，保持髋关节和背部伸直的情况下向前缓慢倾斜，使腘绳肌尽可能对抗身体的向前倾倒，直到双手着地；胸部触地后双臂立即撑起身体，然后使用腘绳肌的力量将身体恢复到原来的跪姿（图1-21）。

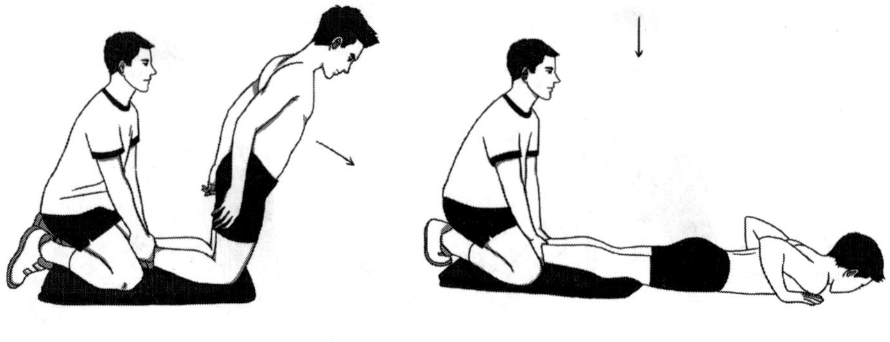

图1-21 腘绳肌离心力量训练

2. **预防踝关节损伤**

运动员的踝关节损伤通常是由于足内旋或外旋造成的，或是在跳起着地时跖屈所致。踝关节的捩伤可能造成关节失稳或损伤神经肌肉系统的功能，失去控制和纠正足位置的能力。踝关节的主要内在危险因素是旧伤，尤其是在近期发生的损伤，韧带没有完全愈合使得再次受伤的机会大大增加；外在危险因素包括场地和装备，如场地过硬或更换物理性质不同的场地、穿着不适合场地的鞋等，都能造成踝关节的损伤。

掌握正确的技术动作是预防踝关节损伤的一个重要的措施。作为专项训练的补充，应该进行基本动作技巧练习，学习和练习如何正确地跃起、着地、侧向移动、转身、变换方向等，避免因为技术动作不合理和错误造成损伤。已有踝关节损伤并有关节失稳的运动员有必要进行神经肌肉系统的训练，以提高踝关节的功能，降低再损伤的发病率。踝关节的粘扎保护或使用护踝是非常有效的预防措施（图1-22），在条件允许的情况下，应该进行粘扎保护或使用护踝减少损伤的危害。

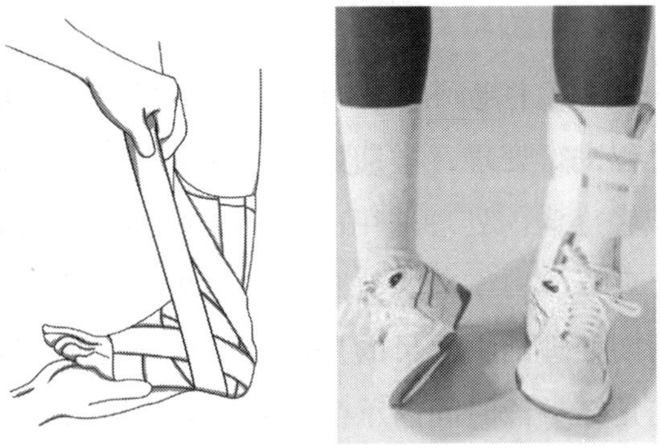

图1-22　踝关节的粘扎和护踝保护

踝关节的平衡训练是一种很好的预防踝关节损伤的方法。运动员在平衡板上进行训练，通常计划是每次10分钟，每周5次，训练10周。运动员单脚站立在平衡板上，另外一只脚抬起屈曲90°，双臂在胸前交叉，利用动态的踝关节稳定性来保持身体平衡，尽量减少手臂、髋关节和膝关节的晃动（图1-23）。对于已经受伤的运动员，开始训练时可以在地面进行，然后逐渐增加难度，使用软垫再过渡到平衡板。在后期可以加大难度，进行闭眼站立。持球或重物进行练习、与同伴一起练习，可以增加训练难度和乐趣。

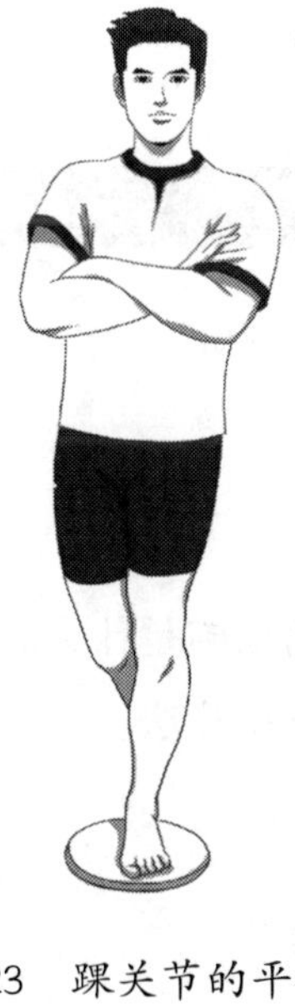

图1-23　踝关节的平衡练习

【本节小结】

根据运动损伤的分类，急性损伤和慢性损伤有不同的治疗原则。急性损伤的治疗原则是按不同的病理过程进行处理，早期处理的主要目的是尽快止血、防止或减轻局部炎症反应和肿胀、减轻疼痛。处理采用PRICE原则。中期处理的主要目的是促进损伤部位的修复过程，处理要改善伤部的血液和淋巴循环，促进组织代谢和渗出液的吸收，加速再生修复。后期处理的主要目的是功能恢复，处理原则是增强和恢复肌肉、关节的功能。慢性损伤是在一段时间内承受过大负荷的结果，治疗慢性损伤必须针对引起损伤的因素，分析找出运动损伤的因素并消除其影响，慢性损伤的症状就会逐步消失。

通常运动损伤的康复分为3个阶段：急性阶段、康复阶段和训练阶段。急性阶段的主要目标是避免损伤恶化；康复阶段的主要目标是为运动员恢复正常和完全的训练做准备；训练阶段的主要目标是确保运动员恢复运动能力、耐受负荷的能力和重新参加比赛前承受正常训练的能力。

预防运动损伤的原则：了解运动损伤的危害和造成运动损伤的原因及危险因素，分析危险因素并消除或尽量降低危险因素带来的影响。

预防运动损伤的常用措施：(1) 热身和牵拉；(2) 循序渐进训练；(3) 使用护具和检查装备场地；(4) 体检；(5) 体育道德。

思考题

1. 急性损伤的治疗原则是什么?
2. 具体说明什么是PRICE原则。
3. 慢性损伤的治疗原则是什么?
4. 叙述预防运动损伤的原则。
5. 具体说明运动损伤的一般预防措施是什么。
6. 举例说明什么是运动损伤的支持疗法。

第二章　常见运动损伤

【内容提要和学习指导】

本章从软组织损伤的角度出发介绍常见的运动损伤，包括开放性软组织损伤和闭合性软组织损伤。闭合性软组织损伤以头部、躯干、上肢、下肢部分分别介绍常见的运动损伤。对眼、耳、骨等常见的特殊部位运动损伤和胼胝、水疱也有一定讲述。本章对各部位常见运动损伤的发生原因、损伤征象和处理方法进行了详细的阐述。学习时应了解各种常见运动损伤发生的原因，对损伤时发生的征象要有一定的认识和区别，掌握各种运动损伤对应的处理方法，形成对常见运动损伤的基本认识。

第一节　开放性软组织损伤

一、课堂教学

（一）概述

根据损伤的组织结构对运动损伤进行分类，可以分为骨骼损伤和软组织损伤。开放性软组织损伤是软组织损伤的一种，在运动中常常发生开放性软组织损伤，损伤部位的伤口与外界相通，容易引起出血和感染，最常见的有擦伤、切伤、刺伤和裂伤。

治疗开放性软组织损伤的目的是修复损伤的组织器官和恢复生理功能。在处理复杂的伤情时，首先是解决危及生命和其他的紧急问题。对一般开放性软组织损伤可以局部治疗为主，基本处理包括止血、清创、修复组织器官和制动。开放性损伤一般均有不同程度的污染，需进行清洗和消毒，尽量除去伤口中的细菌和其他污染物质，然后根据不同损伤部位和类型进行处理。

（二）擦伤

皮肤表面受粗糙物摩擦所引起的损伤，称为擦伤。主要病理改变及征象为皮肤的表皮层损伤、脱落，真皮层亦可能受损，有小出血点和组织液渗出。伤口无感染则易于干燥结痂而愈；伤口有感染，则局部可发生化脓、有分泌物。

小面积擦伤可用1%～2%红汞水或1%～2%紫汞水涂抹，无须包扎；面部擦伤宜涂抹1‰新洁尔灭溶液；关节部位的擦伤一般不用裸露治疗，否则容易干裂而影响运动，可用消炎软膏涂抹后包扎。

大面积污染较重的擦伤，先用生理盐水冲洗伤口，然后在1%盐酸利多卡因局部麻醉下，用毛刷轻轻刷洗，清除沙粒、炭渣、碎石等异物，敷以1‰雷弗奴尔或凡士林纱布，上加盖消毒纱布并用绷带加压包扎。感染的伤口应每日或隔日换药，有必要时应遵照医生建议服用抗生素。

（三）切伤、刺伤和裂伤

1. 切伤

锐器切入皮肤所致的皮肤及皮下等组织的损伤，称为切伤。伤口边缘整齐，多呈直线，出血较多，但周围组织损伤较轻。深的切伤可切断大血管、神经、肌腱等组织。

2. 刺伤

尖锐细长的物体刺入人体致使皮肤、皮下及深部组织器官的损伤，称为刺伤。其特点为伤口小，创道深，伤处底部常会有污染。

3. 裂伤

人体遭受钝性暴力的打击引起皮肤和皮下软组织撕裂性损伤，称为裂伤。其伤口边缘不整齐，组织损伤广泛，常有不同程度的污染和出血。

切伤、刺伤和裂伤轻者可先用碘酊、酒精将伤口周围皮肤消毒，再用消毒纱布覆盖，加压包扎；伤口较大、较深、污染较重的，应及时送医院，由医务人员进行清创术，清除污物、异物、坏死组织，彻底止血，缝合伤口，口服或注射抗生素以预防感染。伤口小而深和污染较重者，应注射破伤风抗毒素1500～3000国际单位，预防破伤风。

二、自学内容

开放性软组织损伤的常用药物

1. 红汞水

红汞水即汞溴红，其溶液通常称红药水，内含红汞2%，医用外用消毒剂，是一种作用较弱的消毒防腐药。它的汞离子解离后与蛋白质结合，从而起到杀菌作用，对细菌芽孢无效，其杀菌、抑菌作用较弱但无刺激性，适用于新鲜的小面积皮肤或黏膜创伤的消毒。常用于一般性小外伤和皮肤黏膜创面的消毒，以及外科、五官科小手术前的皮肤和泌尿道消毒。由于它的穿透性很弱，只有较小的抑菌作用，遇有机物和碱性环境均会降低其作用，所以消毒效果并不可靠。现在红汞水的使用已经较少。

汞溴红和碘反应会生成碘化汞，碘化汞是一种剧毒物质，对皮肤黏膜及其他组织会产生强烈的刺激作用，甚至引起皮肤损伤、黏膜溃疡。如果含量过高的碘化汞进入人体就会导致汞中毒，还会使牙床红肿发炎，严重时会引起疲乏、头痛、体温下降等症状。所以，红汞水不能与碘酊同时使用。另外，红药水有轻微毒性不能用于口腔内及已感染化脓创面或大面积深部创伤，并且对汞过敏者禁用。

2. 紫汞水

紫汞水，又名龙胆紫、甲紫，是甲紫的2%的酒精溶液，呈紫色，具有杀菌、收敛作用，无刺激性。由于它对革兰氏阳性细菌有选择性的灭活作用，特别对葡萄球菌、白喉杆菌、念珠菌等具有较强的杀灭作用，所以，临床上用0.1%～1%的水溶液治疗皮肤及黏膜创伤感染、湿疹、癣症、鹅口疮、口腔溃疡、舌炎等症，也可用于小面积的烧伤。紫汞水的消毒作用较红汞水强。

紫汞水对革兰氏阴性杆菌不敏感，对深部感染就不适用。紫汞水收敛性较强，易使创面结硬痂影响渗出物的排出，同时使痂下细菌繁殖，反而会使病情加重，不能用于较深的创口、化脓性伤口及大面积烧伤创面。在眼睛附近涂用紫药水时，必须十分小心，勿使紫药水流入眼睛，因为紫药水会损伤眼角膜，引起眼角膜坏死和溃疡。一旦不小心使紫药水流入眼内时，要马上用自来水冲洗眼睛；严重者应到医院去处理。紫汞水不能与碘酊同时使用。

3. 碘酊

碘酊又称碘酒，是碘和碘化钾的酒精溶液，是最为常用的消毒剂，具有较强的杀灭细菌和霉菌的作用，能杀死芽孢。5%浓度的碘酊用于皮肤消毒，10%浓度的碘酊用于外科手术部的消毒。碘酊有较强的刺激性、腐蚀性，用于皮肤消毒后应以70%酒精擦拭脱碘，禁用于黏膜或伤口内消毒，否则会引起剧痛和红肿。如前所述，碘酊决不可与红汞水同用，新生儿慎用，对碘过敏者禁用。碘酊有挥发性，应密闭避光置于阴凉处保存。此药不易久存，碘有氧化性，久贮后可发生化学变化而生成有害物质，使杀菌性降低。

碘伏是另外一种常见的碘消毒剂。碘伏为络合碘，以水为溶媒，使用时不需要用酒精脱碘，对皮肤、黏膜、伤口没有刺激性，但价格稍贵。

4. 新洁尔灭

新洁尔灭为阳离子表面活性剂类广谱杀菌药物，能增加细菌胞浆膜通透性，使菌体胞浆物质外渗，阻碍其代谢而起到杀灭作用。常用浓度为0.1‰或1‰的溶液，对革兰氏阳性菌作用较强，对绿脓杆菌、抗酸杆菌和细菌芽孢无效，能与蛋白质迅速结合，脓、血、分泌物、纤维素、棉花和有机物可使消毒作用显著降低。新洁尔灭对人体组织刺激性小，作用发挥迅速，能湿润和穿透组织表面，具有除污、溶解角质及乳化作用。本品适用于皮肤、黏膜和伤口消毒，小面积烧、烫伤，器械消毒。外用皮肤和黏膜消毒时，可用0.1‰～1‰溶液涂于患处，每日1～2次；治疗小面积烧、烫伤时，可用0.1‰溶液涂于伤处，每日1～2次；治疗外伤伤口时，可选用硬膏剂（创可贴）贴于伤口处。本品不能与肥皂和其他阴离子表面活性剂、枸橼酸盐、碘化物、高锰酸钾等，以及铝、荧光素钠、过氧化氢、含水羊毛脂和某些磺胺药等配伍合用，否则会使本品失去杀菌作用。本品只供外用，不能口服，应用本品进行皮肤消毒时，严防进入眼内。

5. 破伤风抗毒素

破伤风抗毒素含特异性抗体，具有中和破伤风毒素的作用，可用于破伤风梭菌感染的预防和治疗。已出现破伤风或其可疑症状时，应在进行外科处理及其他疗法的同时，及时使用抗毒素治疗。开放性外伤有感染破伤风的危险时，应及时进行预防。如果已经接受过破伤风类毒素免疫注射，在受伤后再注射一针类毒素加强免疫，不必注射抗毒素；未接受过类毒素免疫或免疫史不清者须注射抗毒素预防，同时也应开始类毒素预防注射，以获得持久免疫。

使用破伤风抗毒素可能会出现不良反应，主要有：（1）过敏休克。可在注射中或注射后数分钟至数十分钟内突然发生。患者突然表现沉郁或烦躁、脸色苍白或潮红、胸闷或气喘、出冷汗、恶心或腹痛、脉搏细速、血压下降，重者昏迷虚脱，如不及时抢救可以迅速死亡。（2）血清病。主要症状为荨麻疹、发热、淋巴结肿大、局部浮肿，偶有蛋白尿、呕吐、关节痛，注射部位可出现红斑、瘙痒及水肿。过敏试验为阳性反应者要谨慎使用破伤风抗毒素。

【本节小结】

开放性软组织损伤是软组织损伤的一种，在运动中常常发生开放性软组织损伤，损伤部位的伤口与外界相通，容易引起出血和感染。

皮肤表面受粗糙物摩擦所引起的损伤，称为擦伤。小面积擦伤对伤处消毒，无须包扎；大面积污染较重的擦伤，用生理盐水冲洗伤口后除异物，加盖消毒纱布用绷带加压包扎。

锐器切入皮肤所致的皮肤及皮下等组织的损伤，称为切伤。尖锐细长的物体刺入人体所致皮肤、皮下及深部组织器官的损伤，称为刺伤。人体遭受钝性暴力的打击引起皮肤和皮下软组织撕裂性损伤，称为裂伤。切伤、刺伤和裂伤，轻者可先将伤口周围皮肤消毒，再用消毒纱布覆盖，加压包扎。伤口较大、较深、污染较重的，由医务人员进行清创术，彻底止血后缝合伤口；伤口小而深和污染较重者，应注射破伤风抗毒素预防破伤风。

思考题

1. 什么是开放性软组织损伤？一般的处理原则是什么？
2. 什么是擦伤？如何处理？
3. 什么是切伤？什么是刺伤？什么是裂伤？如何处理？
4. 常用的开放性软组织损伤药物是什么？各有什么使用时的注意事项？

第二节　头部和躯干的运动损伤

一、课堂教学

（一）头部

1. 脑震荡

（1）原因

脑震荡可以因为外力对头部的直接打击，也可以因为对身体任何部位的打击所形成的冲击力传导到头部而引起（图2-1）。

图2-1　引起脑震荡的原因：对头部直接或间接的打击

（2）征象

脑震荡可造成神经系统功能立即的或短时间的损害，急性症状大多数反映在功能性障碍，结构上的损伤反映不常见。脑震荡会造成一系列的不同程度的临床综合征，意识丧失的情况有可能出现（图2-2）。急性脑震荡的症状包括意识丧失、头痛、眩晕、视觉模糊、平衡障碍和恶心。需要注意的是头痛是脑震荡的一个重要症状，但是头痛不能证实有脑震荡。

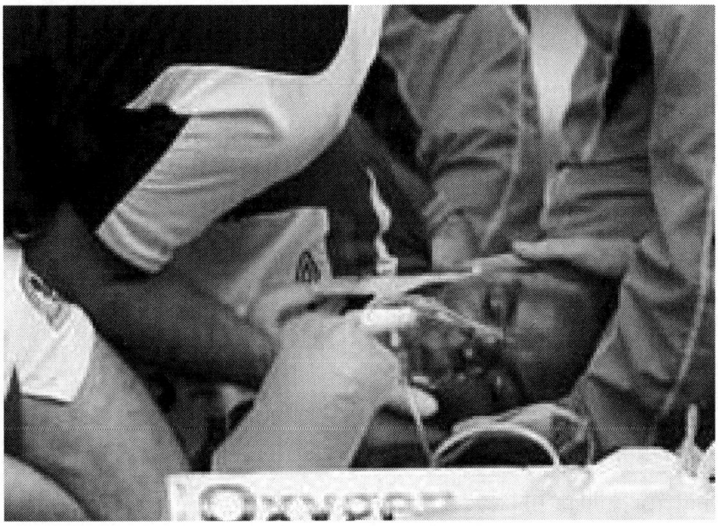

图2-2 脑震荡发生后运动员意识丧失

（3）处理

早期处理是受伤运动员被转送到诊疗室或急诊科进行检查，检查需要在安静的环境下进行，以评估损伤的严重程度。所以在训练、比赛中发生脑震荡的损伤，需要将运动员转移到安静处再做检查评估。

脑震荡运动员重返运动场进行训练或比赛的原则是：只要症状没有完全消失，脑震荡运动员不应该恢复训练或比赛。所有脑震荡运动员在重返运动场进行训练或比赛前必须得到医学许可，包括神经心理学实验的结果。一旦急性脑震荡的症状消失，就可以制定恢复低水平有氧训练计划，随后是非接触性训练，最后在紧密监测无任何不良症状发生的情况下，允许进行接触性活动。

2. 颅骨骨折

（1）原因

颅骨骨折是由于外力直接打击所造成的头部损伤。所有运动项目都有可能发生颅骨骨折。颅骨骨折可以分为线性骨折和凹陷性骨折（图2-3）。少数线性骨折可以合并硬膜外血肿，由相对较小的物体打击头部造成的凹陷性骨折，能够使骨骼撞击成碎片和撕裂大脑的硬脑膜。

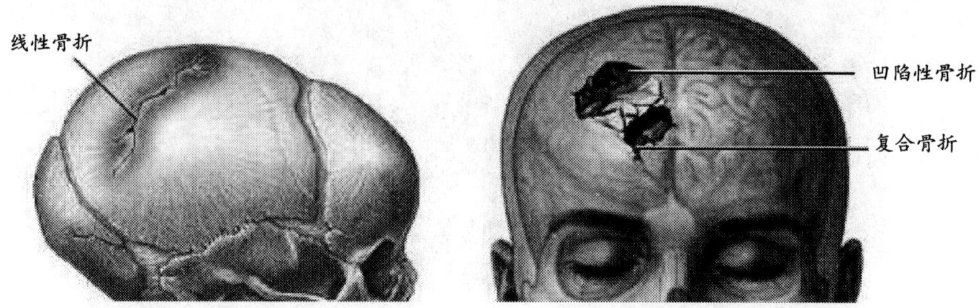

图2-3　颅骨骨折：线性骨折（左）和凹陷性骨折（右）

（2）征象

颅骨骨折运动员常常可能会有头痛，脑损伤的症状出现。局部软组织水肿也可能提示有骨折发生，颅骨叩诊可能会发出有特征性的破裂声。颅骨骨折合并硬脑膜撕裂的典型体征是鼻漏和耳漏。如果漏出液体葡萄糖棉签实验呈阳性，漏出的液体是脑脊液，需要立即转送医院处理。

（3）处理

所有颅骨骨折，特别是有脑脊液外溢者，必须由神经外科紧急会诊。怀疑发生颅骨骨折的患者必须住院观察和进行神经外科检查。如果是开放性颅骨骨折，伤处用消毒敷料覆盖。线性骨折的愈合时间从几个月到一年不等，如果没有合并其他损伤，运动员常常可以重返运动场进行训练和比赛。

（二）颈部

1. 急性捩颈

（1）原因

急性捩颈是急性的颈部疼痛，颈部在捩伤发生后逐步变得僵硬和疼痛，通常是某种特殊的动作造成的捩伤。

（2）征象

患者常常诉说疼痛突然发生，特点是颈部位置异常，通常是向一侧屈曲合并旋转。一般情况下，颈部的活动范围明显受限，颈部僵硬并向一侧倾斜。进行活动范围检查时，疼痛是不对称的。

（3）处理

可以采用肌肉松弛剂、非甾体抗炎药或对乙酰氨基酚进行治疗，数天后就可完全恢复活动。如果有条件，可以请理疗师进行肌肉松解。患者可自己使用冷疗法和活动颈部来治疗急性挨颈，但是一定要有医师或理疗师的指导。

2. 颈痛

（1）原因

颈部疼痛是一个常见的症状，部分运动员有慢性颈部症状和颈部活动受限，特别是碰撞和接触性项目中，由于相互碰撞和颈部承受反复的压缩性负荷和过度伸展负荷造成了颈部的损伤。

（2）征象

症状和体征包括颈部疼痛、颈部活动困难、颈部被动活动范围可能会轻微受限。伴随的症状有疲劳、注意力下降、眩晕、耳鸣和恶心。伴随症状常常是由于社会压力和心理问题引起的。

（3）处理

非处方的镇痛剂或非甾体抗炎药治疗3～7天能够缩短急性疼痛期，如果有睡眠障碍发生，可能需要使用效果更强的镇痛剂。在颈痛的处理中，手法治疗的效果比较小，可能发生合并症状，所以手法治疗不宜使用。慢性颈痛患者进行牵拉练习和运动疗法有较好的疗效，使用电磁疗法有镇痛作用。需要注意的是：反复受伤产生的颈部疼痛可能迫使接触性项目的运动员结束运动生涯。

（三）背部

1. 肌肉挫伤和拉伤

（1）原因

背部肌肉的挫伤常常发生在碰撞接触性项目中，突然遭受外力的打击是背部肌肉挫伤的原因。在爆发性项目中，肌肉由于突然承受超出自身能力的负荷而发生拉伤，损伤多数位于脊柱的竖脊肌。

（2）征象

触诊伤处会引起疼痛，疼痛常常是一侧的。如果有肌肉拉伤，在弯腰和站立时有肌肉痉挛。如果进行等长收缩没有诱发疼痛，患者可能只是单纯的韧带损伤。

（3）处理

肌肉挫伤恢复时间比较短，在数日后即可完全进行训练比赛。拉伤对运动员影响比较大，运动员承受长时间运动的能力可能受到影响。损伤发生后，首先要做的是冷疗，如果有条件，让理疗师进行操作或遵照理疗师的建议进行冷疗。使用非处方镇痛药或非甾体抗炎药3～7天有助于缩短疼痛的时间。肌肉拉伤应注意在损伤几天之后要进行代替训练，在3～8周康复后逐步向竞技性活动过渡。

2. 急性腰痛

（1）原因

急性腰痛是常见的运动损伤，而且很容易复发。运动员在做过度的伸展或扭转、突然的肌肉收缩、反复负荷时容易造成急性的腰部疼痛，常见于足球、手球、柔道等接触性项目，也可见于投掷项目的运动员。急性腰痛可以是椎体性疼痛、椎间盘疼痛和肌肉性疼痛，通常涉及几个组织结构。

（2）征象

腰部的疼痛时常会放射到臀部、腹股沟和大腿后侧，患者常常很难正常活动，几乎所有动作都能引起疼痛和受到限制。直腿抬高试验可能是阳性。

（3）处理

发生急性腰痛后很少需要使用强烈的麻醉类镇痛药，使用非处方镇痛药或非甾体抗炎药3～7天可以帮助缩短疼痛持续的时间。最好的治疗是保持正常的活动水平，不需要限制患者的负重能力。手法治疗对急性腰痛的效果存在争议，要根据患者的情况来决定是否需要手法治疗。在运动员可以完成正常训练之前，不应该参加比赛。急性腰痛常常在发生后数天内症状消失，不过一年内可能会重新发作。关键是在正常训练前要逐渐提高活动水平，限制竞技性活动，才能减少复发的频率。

3. 慢性腰痛

（1）原因

慢性腰痛可以由多种因素引起，包括肌肉功能不全、椎间盘退行性变、中心性椎间盘突出和小关节关节炎。此外，在生长期负荷过度，如处于发育阶段的举重运动员或体操运动员训练不合理，也可能导致慢性腰痛。椎间盘退行性变是运动员普遍遇到的一个问题，椎间盘退行性变不一定会伴随疼痛，但是可以引发慢性腰痛。多裂肌的疲劳性与慢性腰痛的发生有关，多裂肌容易疲劳，发生慢性腰痛的概率会增高。

（2）征象

慢性腰痛的程度可以在单调活动时疼痛加剧。患者不能维持单一姿势太久，在站立或坐下时经常变换体位是慢性腰痛的一个症状。慢性腰痛的典型症状和体征包括在背部进行屈曲和侧屈时活动范围减小、间歇性的排列不齐、腘绳肌和腰大肌挛缩。在晨起时背部僵硬伴有单侧疼痛，在服用非甾体抗炎药后疼痛减轻，提示可能是关节疼痛；静止体位工作时疼痛弥散，提示疼痛属于肌肉问题。

（3）处理

对慢性腰痛的治疗极少采用手术方式，通常使用非甾体抗炎药或对乙酰氨基酚进行镇痛治疗。如果疼痛引起睡眠障碍，可以使用更强的镇痛剂。功能锻炼是治疗慢性腰痛的最好选择，有时疼痛会暂时发作，慢性腰痛的患者需要习惯适应疼痛的伴随，这样功能才能维持在一个较高的水平。手法治疗对慢性腰痛有一定的效果。治疗效果和引起慢性腰痛的因素相关，通常肌肉引起的腰痛使用手法治疗有较好的效果，但是另外一些病因使用手法治疗无法消除影响或消除很少，达不到治疗的目的。

4. 急性坐骨神经痛

（1）原因

椎间盘突出是坐骨神经痛最常见的原因。髓核破裂进入椎管后会形成抗体—抗原复合物，发生自体免疫，免疫引起的炎症造成坐骨神经痛。由于神经根受到压迫，使得神经系统功能受到损害。

（2）征象

急性坐骨神经痛引起的放射性疼痛比背部疼痛更加严重。如果疼痛放射到膝关节远端并在患者咳嗽时加重，提示属于神经根痛。患者会出现麻木和感觉异常，在行走时可能出现跛行或上身固定不动。进行直腿抬高试验（图2-4），患者仰卧，两腿伸直，保证膝关节伸直，分别做直腿抬高动作，测量抬高时的无痛范围。如果出现直腿抬高明显受限，一般在60°以下，为直腿抬高试验阳性。直腿抬高试验阳性提示有坐骨神经压迫或病变，但是直腿抬高试验可能因为患者的紧张而出现假阳性，试验时应分散患者注意力。直腿抬高试验阳性，可再进行足背曲试验（图2-4），将下肢降低5°～10°至疼痛消失，突然将患者足背曲，如果疼痛出现可确定坐骨神经痛阳性。

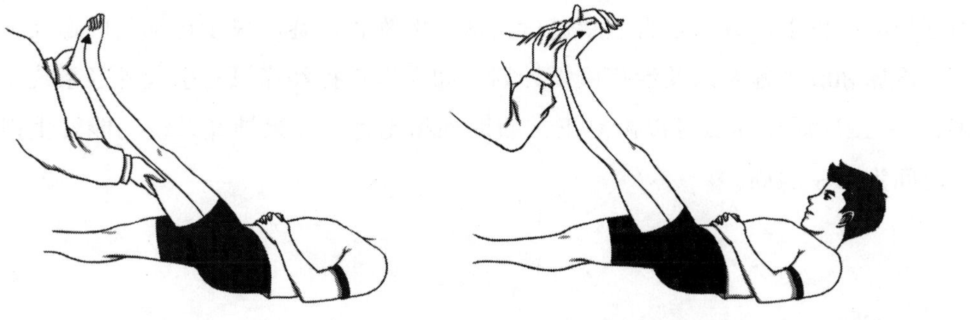

图2-4　直腿抬高试验（左）和足背曲试验（右）

（3）处理

急性坐骨神经痛发生，可以使用非甾体抗炎药或对乙酰氨基酚。口服皮质类固醇有最好的抗炎作用，运动员一般在3天内能够耐受40毫克的泼尼松龙。如果坐骨神经痛引起睡眠障碍，可以使用更强的镇痛剂。坐骨神经痛不能使用手法治疗，进行腰部牵拉的效果通常是暂时性的。损伤发生后应该避免举起重物和转体的动作，运动员可以进行代替训练维持肌肉力量和有氧能力，保持日常的活动有利于功能水平的维持。在疼痛情况逐渐好转后，应注意横向肌肉的练习。坐骨神经痛的恢复时间可能很漫长，运动员和教练员必须了解这样的情况，及时改变训练计划和目标。

5. 慢性坐骨神经痛

（1）原因

慢性坐骨神经痛一般是由第四腰椎或第五腰椎椎间盘突出导致外侧隐窝狭窄造成的。另外，第四腰椎或第五腰椎的小关节病也可以引起外侧隐窝狭窄导致慢性坐骨神经痛。

（2）征象

慢性坐骨神经痛初始症状是腰椎神经根病。如果腰椎神经根病的体征和症状超过6周，可以确定为慢性坐骨神经痛。通常在治疗2～4周没有好转或临床上的进步，需要做CT检查进一步确定。

（3）处理

与急性坐骨神经痛类似，治疗慢性坐骨神经痛可以使用非甾体抗炎药、对乙酰氨基酚或口服皮质类固醇。如果疼痛引起睡眠障碍，可以使用更强的镇痛剂。通常正常的活动不会延缓愈合的时间，但是要注意避免举起重物和转体的动作。运动员要寻找不引起神经根痛的情况恶化的代替训练方法，以无痛为判定标准，即代替训练在不引起痛的前提下进行。是否重新进行正常的训练和比赛取决于运动员的运动项目、个性、疼痛和麻木程度以及治疗康复计划。如果坐骨神经痛没有引起神经系统功能的损害，6～12周后运动员可以恢复正常的训练和比赛；如果神经系统功能发生损害，恢复时间为12～24周。

二、自学内容

（一）头部

脑震荡后综合征

（1）原因

脑震荡后综合征的原因和机制存在争议，是脑震荡后身体症状和认知症状的综合表现。一部分研究认为，脑震荡后综合征的相关症状是脑损伤的直接结果；一部分研究认为，脑震荡后综合征的相关症状是脑损伤的功能性和心理性的结果。

（2）征象

脑震荡后综合征的症状包括头痛、头昏、眩晕、记忆衰退、视觉模糊、对噪声和光线过度敏感、注意力分散、疲劳、抑郁、睡眠障碍、缺乏食欲、焦虑、缺乏协调性和幻觉。急性脑震荡的症状通常在几天内消失，但是脑震荡后综合征的症状却是很难形容的症状综合体，可使急性恢复期变得模糊和持续不断。

（3）处理

脑震荡后综合征通常在损伤后数月出现，但是在大多数碰撞和接触性项目中是不常见的。脑震荡后综合征没有特异性疗法。

（二）颈部和背部

1. 脊髓损伤

（1）原因

运动中常常会发生颈部和背部的损伤，这些损伤可能会影响到脊柱的结构，影响到脊髓的功能。脊髓完全损伤时，损伤位置水平以下的神经系统功能丧失；不完全损伤时，根据损伤的位置不同，可以分为前侧、外侧、背侧纵束、中央或椎体束损伤。

（2）征象

脊髓损伤的症状和体征包括颈部疼痛、麻木、感觉异常和手足运动功能丧失。运动损伤时可能发生运动员意识丧失，在意识丧失时如果出现呼吸表浅、低血压合并心动过缓、反射消失、损伤水平远端痛觉丧失、肛门括约肌张力丧失等症状，对脊髓损伤应提高注意。

（3）处理

脊髓损伤发生后，在患者没有得到正确固定前不要移动患者。患者需要立即转送医院检查和处理。急性期，在8小时内按30毫克/千克体重使用甲基强的松龙进行治疗，在24～48小时内维持5.4毫克/千克体重的使用量，以便减轻永久瘫痪的程度。外科治疗手术包括脊髓减压术和关节融合术。如果脊髓损伤需要进行外科手术，应该在发生损伤后72小时内进行，超出急性期外科手术不能改善完全脊髓损伤的预后。在损伤后前72小时，如果患者有部分感觉功能，约50%可预期有功能性步态；有运动活动体征的患者约85%可预期有功能性步态；如果运动和感觉缺失，患者可能很难重新获得步行能力。

2. 横突和棘突骨折

（1）原因

运动中常常发生的颈部和背部的损伤对脊柱会有影响，棘突和横突由于结构特点，在承受外力打击和负荷时偶尔会发生骨折（图2-5）。棘突骨折常常是复合损伤的表现之一，在屈曲位置发生创伤造成棘突骨折。横突骨折比较常见，常常是发生在腰椎，可能会影响到髂腰肌和腰方肌。棘突和横突同时发生骨折比较少见。

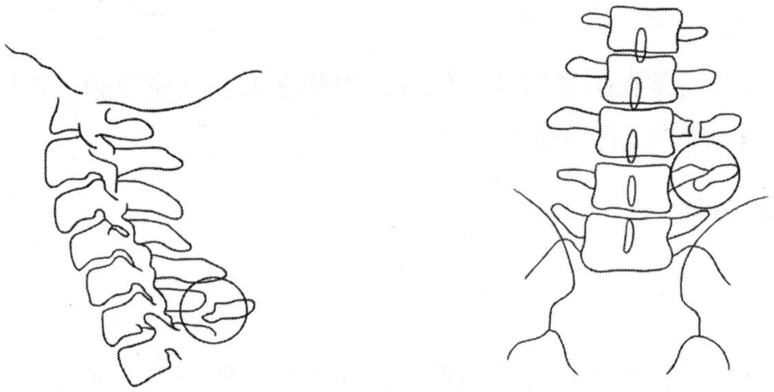

图2-5　棘突骨折（左）和横突骨折（右）

（2）征象

不论是棘突骨折还是横突骨折，损伤发生后患者会感到剧烈疼痛，在脊柱两侧和腹部触诊都很敏感。患者如果是腰椎横突骨折，髋关节屈曲和扭转会使疼痛加剧。髋关节屈曲和侧屈常常可以诱发疼痛。

（3）处理

应用X光检查和CT扫描，确定骨折情况。如果怀疑有其他合并的严重损伤，患者必须转送神经外科处理。单纯的横突和棘突骨折只须进行保守治疗，固定患处即可；在疼痛不能进行固定时需要使用护具。一般6～8周可以愈合。在康复期间进行功能性练习，逐渐增加活动。如果要恢复接触性运动，在骨折愈合后，最好进行3～4周的加强训练来适应。

（三）胸部

1. 肋骨骨折

（1）原因

肋骨受到外力的直接打击引起骨折。

（2）征象

单根肋骨骨折时骨折区域有触痛，呼吸能引起疼痛；多根肋骨骨折会危及生命，有严重的呼吸问题，可能会出现胸壁失稳。

（3）处理

单根肋骨骨折无须进行X光检查，但是多根肋骨骨折必须做X光检查。一根肋骨骨折可能会很疼，但是能自行愈合，需要的治疗方法是镇痛和休息，大约6周后患者能完全恢复运动。如果是多根肋骨骨折或胸部失稳，需要让患者朝向伤侧侧卧固定，用手掌加压或用三角巾、绷带紧紧固定胸壁（图2-6），在保持患者呼吸道畅通和给氧的情况下送医院处理。

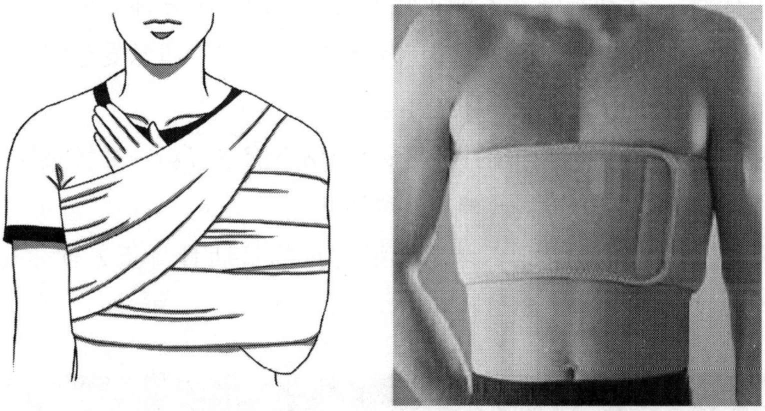

图2-6　肋骨骨折：绑带（左）或专用护具（右）固定胸壁

2. 气胸

（1）原因

创伤或单根肋骨骨折有可能穿透肺组织和胸膜，这样胸腔负压消失，肺就被压缩，同时会出现皮下气肿或气体漏出。如果气体漏出很少，肺组织自行愈合很快，只有部分肺被压缩，仍然能够进行气体交换；如果气体漏出较多，整个肺就会被压缩，循环和通气功能下降。气胸发生可能会严重损害心肺系统功能。

（2）征象

早期的呼吸系统症状可能很少，呼吸困难随着肺压缩程度的加重而恶化。严重的张力性气胸会加重呼吸系统的问题，会伴随呼吸困难、心动过速、紫绀、颈静脉怒张、纵膈逐渐位移，引起焦虑。损伤一侧的胸壁叩诊呈鼓音，呼吸音降低可以确定为气胸。

（3）处理

气胸发生，需要进行的处理包括开放呼吸道、吗啡阵痛和给氧，立即将患者转送医院处理。吗啡能降低焦虑和疼痛，从而改善自然的通气。只要漏气停止，空气在数天内被吸收，肺就会扩张。

【本节小结】

头部常见的运动损伤包括脑震荡、颅骨骨折和脑震荡后综合征，对头部直接或间接打击引起的脑震荡在训练比赛中最为常见。头部损伤发生后，需要转送医院做进一步检查确定伤情，避免出现严重的后果。

颈部常见的损伤包括急性挨颈和颈痛，通常都是由肌肉问题引起的，进行肌肉松解和抗炎处理是常用的应对措施。背部肌肉的拉伤和挫伤是常见的运动损伤，拉伤对运动的影响较大，运动员通常不能正常发力。腰痛和坐骨神经痛也是常见的背部损伤，不论是急性还是慢性，都需要抗炎和镇痛处理，在疼痛忍受范围内尽量维持日常功能活动范围，但是要避免举重物和转体。

在颈部和背部，脊柱和相关的神经系统损伤不能忽视。一旦怀疑发生脊柱和神经系统损伤，需要转送医院由骨科或神经外科处理。

胸部发生运动损伤的情况不多见，最常见的是肋骨骨折，偶尔也会有气胸的发生。

思考题

1. 脑震荡是如何发生的？有什么征象？如何处理？
2. 颅骨骨折有哪些分类？有什么征象？如何处理？
3. 急性挨颈是如何发生的？有什么征象？如何处理？
4. 颈痛是如何发生的？有什么征象？如何处理？
5. 背部肌肉挫伤和拉伤如何处理？
6. 急性腰痛和慢性腰痛发生的原因是什么？如何处理？

7. 急性坐骨神经痛和慢性坐骨神经痛发生的原因是什么？如何处理？

8. 怎样进行直腿抬高试验和足背曲试验？

第三节　上肢的运动损伤

一、课堂教学

（一）肩部

1. 肩关节脱位

（1）原因

肩部的运动创伤可能引起肩关节脱位。95%的肩关节脱位是向前脱位（图2-7），向后脱位很少见。肩关节向前脱位的最常见原因是摔倒时手臂伸展着地。另外，外展的手臂受到外力作用引起手臂的旋转也是造成肩关节向前脱位的原因。

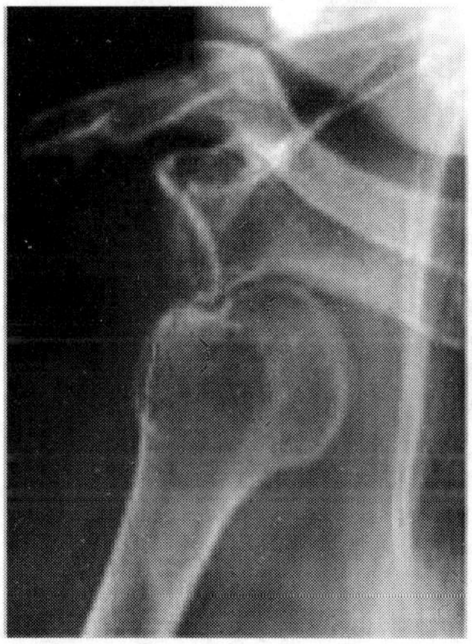

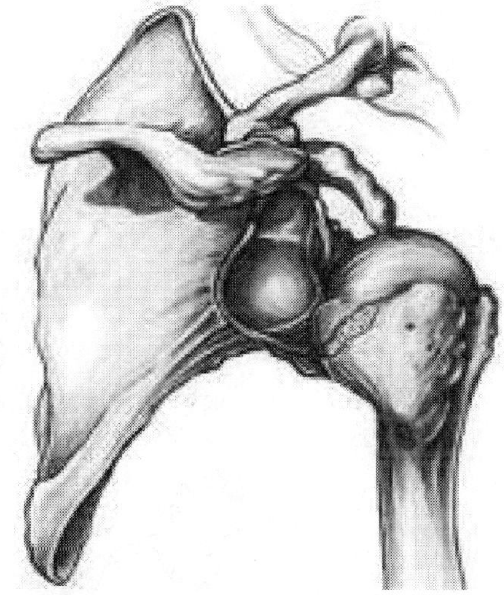

图2-7　肩关节向前脱位

（2）征象

当肩关节向前脱位时，典型体征是手臂保持在轻度外旋和外展的位置。关节的主动和被动活动范围受到极大的限制，三角肌上方的肩部外形发生改变。肩关节向前脱位可能引起神经损伤，特别是臂丛，可能会造成严重功能上的后遗症，需要注意患者的神经支配情况和手臂末端循环情况。肩关节脱位可能合并肱骨大结节骨折、关节盂撕脱、肱骨头压缩性骨折等损伤，必须进行系列的X光检查来确定肩关节脱位的情况和合并损伤。

（3）处理

肩关节脱位确诊后，必须尽早进行复位。早期由于肌肉痉挛较轻而复位比较容易，且脱位后长时间不治疗将增加神经血管系统损伤的危险。复位能否成功取决于肩带肌肉能否放松。在复位前，须在肩峰下1厘米处向关节内注射20毫升的1%利多卡因、吗啡或安定。进行牵引复位（图2-8）时，患者俯卧在平台上，脱位手臂在一侧下垂，纵向牵拉手臂复位；或在手腕绑上水桶，慢慢加水增加牵引力复位。应急时可以采用自我复位（图2-9），患者双手抱膝，在伸展大腿时后仰身体，牵拉手臂复位。复位后固定3～4天，然后开始关节活动范围练习、肌肉力量和平衡练习。只有受伤的肩部活动范围和力量达到健侧的水平且排除了心理影响，运动员才能重返运动场。过早开始训练会增加脱位复发的危险。

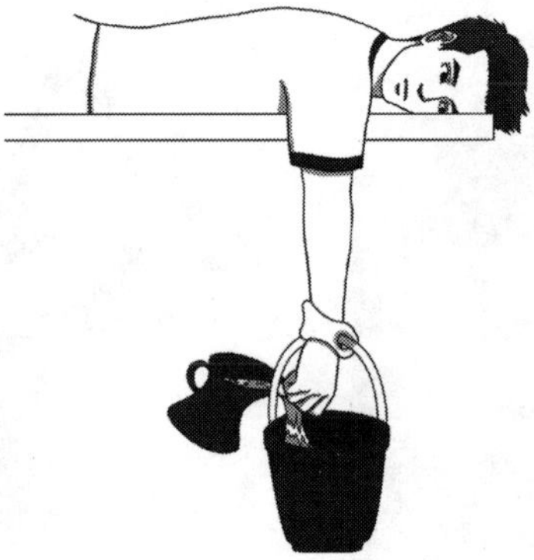

图2-8　肩关节脱位的牵引复位

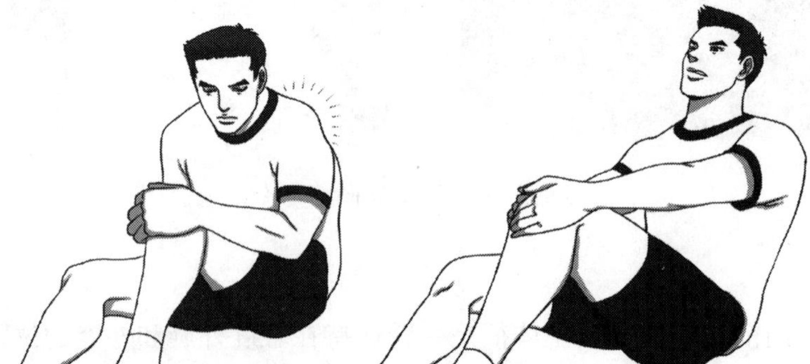

图2-9　肩关节脱位的自我复位

2. 肩袖损伤

（1）原因

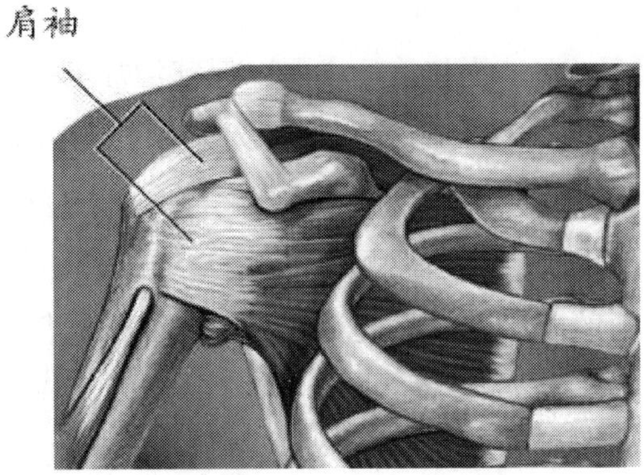

图2-10 肩袖的结构

肩袖损伤是指肩部腱袖、韧带及滑囊等的创伤性炎症。肩袖肌腱是由冈上肌、冈下肌、小圆肌、肩胛下肌的肌腱组成的板状联合肌腱结构，上述肌腱均止于肱骨大结节和小结节，形似袖口，故称为肩袖（图2-10）。肩袖的主要功能有悬吊肱骨、稳定肱骨头、协助三角肌外展上臂和旋转肩关节。肩袖是肩关节活动中的解剖弱点，转肩时它不仅要保护关节的稳定，同时承担着转肩动力的重任，再加上它与肩峰紧贴，容易受到挤压和摩擦，使肩袖肌腱、韧带和滑膜囊发生微细损伤和劳损。

肩部肌力薄弱或准备活动不够、专项练习过于集中、在肩部疲劳时再做高难度的动作或活动超过正常生理范围，都是引发肩袖损伤的常见原因。例如，体操运动单杠中的转肩动作、投掷标枪或投掷棒球的动作、举重抓举时肩的突然背伸、蝶泳时的转肩等都是引起肩袖损伤的典型机制。

（2）征象

肩袖损伤会引起肩部疼痛，多为持续性钝痛，可向上臂或颈部放射，肩外展或伴有内旋和外旋时疼痛加重。压痛多在肩峰下的深部，以肱骨大结节处压痛最明显。肩峰下疼痛的特点是夜间疼痛，患者很难向病侧侧卧。肩关节外展、内旋和屈曲范围受限，肌肉力量下降。进行肩关节疼痛弧试验（图2-11），主动或被动使上臂外展上举，60°以内不痛，60°～120°内出现疼痛，超过120°疼痛减轻或消失；将上臂从原路放下，在120°～60°间疼痛再出现，小于60°时疼痛减轻或消失；在60°～120°弧度内疼痛，试验为阳性则冈上肌肌腱有损伤。进行外展外旋抗阻试验，如果肩袖是完全断裂，肩不能外展，出现“耸肩”现象，被动使肩外展90°后患者能主动将臂上举。

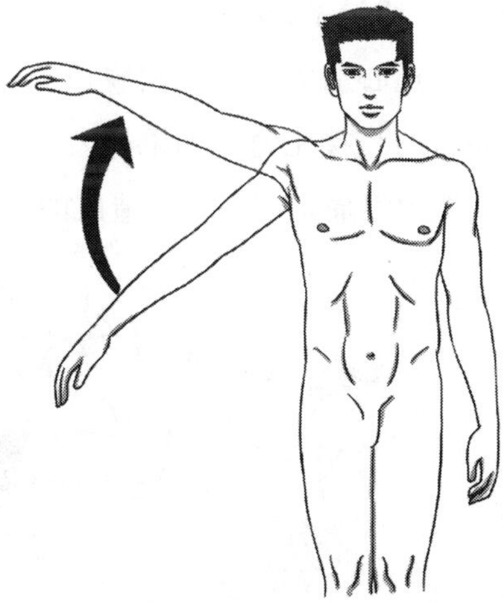

图2-11 肩关节疼痛弧试验

（3）处理

肩袖损伤治疗主要以保守治疗为主，急性期主要目的是镇痛，将上臂外展30°，休息1周，使肩袖肌松弛可以减轻疼痛。使用非甾体抗炎药、针灸或痛点封闭均有较好效果，但是反复注射考的松将增加肩袖发生完全或不完全撕裂的危险。急性期后可以进行手法治疗，强调关节活动范围和肌肉控制能力的锻炼。开始时，肩关节进行各个方向的活动，但应避免做引起肩痛的动作。训练前后可在肩部做按摩，练习后局部即刻进行5～10分钟冰敷冷疗，然后进行热敷。怀疑发生肌腱完全断裂应立时送医院检查确诊，及早进行手术修补。肌腱完全断裂手术3个月后才能进行正规的肩部训练。

3. 创伤后肩关节失稳

（1）原因

在第一次肩关节脱位后，积极活动可能使得肩关节在同一处反复脱位，创伤、肩关节处于外旋或外展的位置也能引起这种脱位。由于盂唇和相关的盂肱韧带从关节盂的前下部分撕脱，造成盂肱关节失稳，使得肱骨头容易发生不完全脱位和完全脱位，使肩关节失去原有的稳定性。此外，关节囊韧带受到过度牵张也使肩关节稳定性降低。

（2）征象

肩关节失稳的典型征象是向前平移增大，忧惧试验和重复位试验阳性。进行忧惧试验和重复位试验（图2-12）时，患者取仰卧位或坐位，患侧手臂外展90°，肘关节屈曲90°，通过手臂将肩关节极力向外旋转，在试图强行进一步外旋时，患者主诉不适、疼痛、担心肩关节会向前脱位，试验为阳性；再重复忧惧试验的步骤，但是对肱骨施加向后的直接压力，如果患者主诉疼痛较忧惧试验时缓解，则为重复位试验阳性，说明患者的疼痛是向前失稳造成的。借助X光和CT扫描能更准确地作出判断和评估。

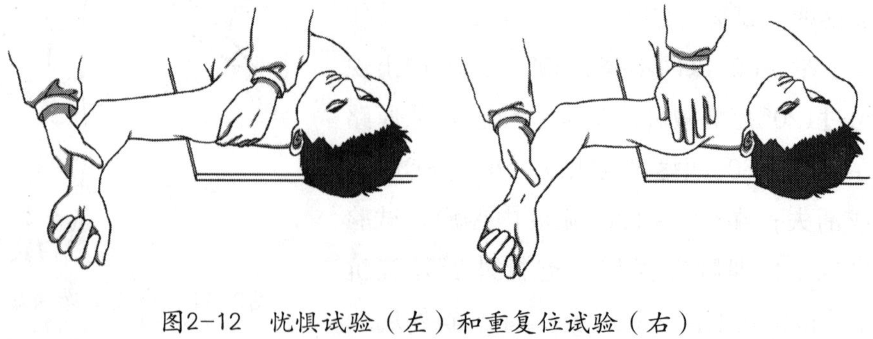

图2-12　忧惧试验（左）和重复位试验（右）

（3）处理

反复脱位的发生频率一般不高，日常生活和训练、比赛外的活动基本都可适应，但是担心反复脱位可能产生的心理问题对训练、比赛会有不良影响。通常的手术治疗包括重新固定唇韧带于关节盂边缘、加强盂肱韧带和加厚关节囊。在手术修复后6周内要限制外旋和大于90°的外展；随后患者要逐步进行关节活动范围练习、神经肌肉平衡功能练习、控制能力练习和力量练习；最后进行专项练习，为运动员适应训练、比赛做准备。运动员通常在3～6个月后能完全恢复活动。

（二）肘部

1. 网球肘

（1）原因

网球肘又称肱骨外上髁痛，其特点是肘外侧及肱骨外上髁疼痛（图2-13），是一种肘外侧疼痛综合征，因好发于网球运动员而得名。肱骨外上髁是前臂浅层伸肌群（桡侧伸腕长肌、桡侧伸腕短肌、伸指总肌、小指固有伸肌、尺侧腕伸肌）总腱附着点，伸腕、伸指的动作对外上髁产生了比较集中的牵引应力。旋后肌和肘关节桡侧副韧带起自肱骨外上髁，肘内翻和前臂旋后的动作也对外上髁有牵拉作用。经常反复做伸、屈腕关节，尤其是用力伸腕而同时需要前臂旋前、旋后活动，反复负荷导致伸肌肌腱起始处的玻璃样退行性变引起肱骨外上髁疼痛。除了网球运动员，网球肘还多见于乒乓球、棒球、射箭、投掷、击剑等项目的运动员。

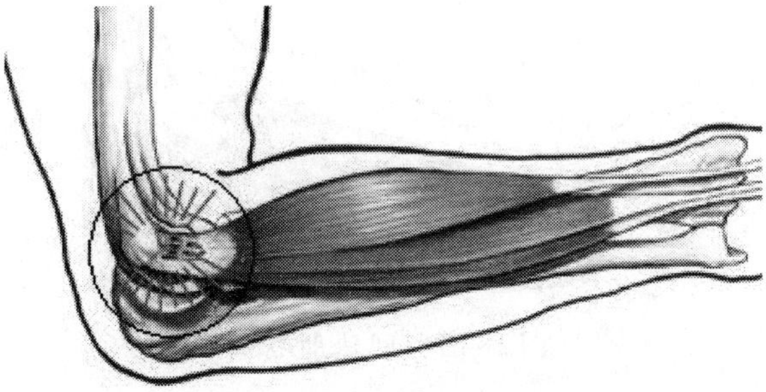

图2-13　肱骨外上髁反复负荷引起疼痛的部位

（2）征象

主要症状是在前臂伸肌活动时肘部外侧出现疼痛，多数病例无明确受伤史而逐渐发生肘外侧疼痛，有时可向前臂放射，做反手挥拍动作、双手拧毛巾时肘外侧疼痛明显。

肱骨外上髁、肱桡关节间隙和桡骨头处有明显压痛。进行米尔试验（图2-14）时，要将患肘屈曲、半握拳，腕尽量屈曲，前臂完全被动旋前再将肘关节伸直，在肘伸直时外侧出现疼痛，试验为阳性。米尔试验阳性可以确定症状为网球肘。进行前臂伸肌抗阻试验也可检查网球肘：按压患者手背，患者抗阻伸腕，肘部外侧出现疼痛，试验为阳性。

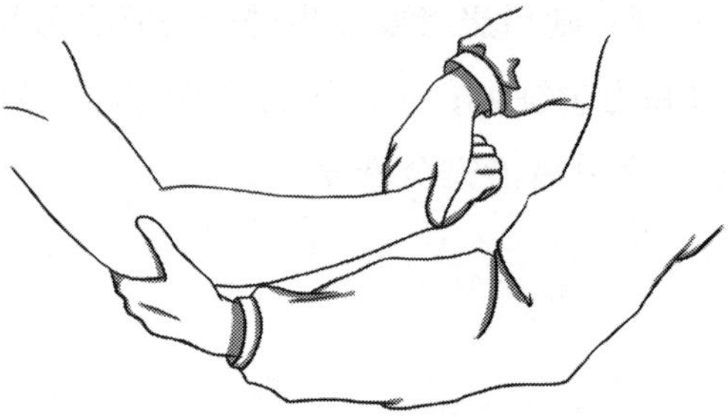

图2-14　米尔试验

（3）处理

网球肘治疗最重要的是改变活动方式。早期症状尚轻时，在肘部戴上弹力护肘（图2-15）或在前臂肌腹处缠绕弹性绷带可能减轻疼痛。当肘外侧出现持续疼痛时，患肢应适当休息，限制腕部用力活动，尤其是腕背伸用力活动，针灸、手法治疗和理疗一般都有效果。使用考的松和麻醉药进行痛点注射局部封闭，对促进愈合效果较好。通常在外上髁前方或远端的三角形脂肪组织内注射。保守治疗无效可考虑手术治疗。

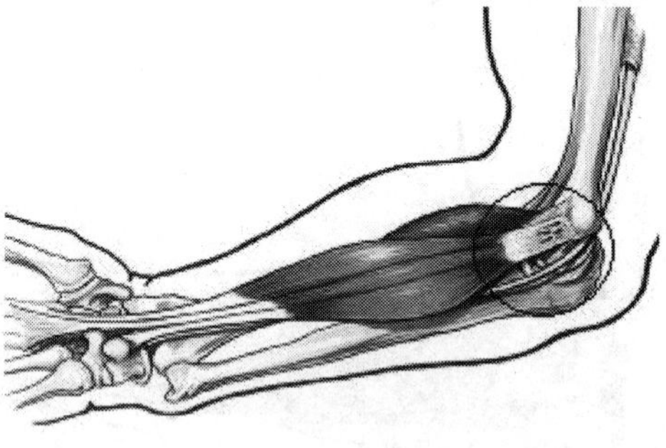

图2-15　网球肘护肘

2. 高尔夫球肘

（1）原因

高尔夫球肘又称肱骨内上髁痛，其特点是肘内侧及肱骨内上髁疼痛（图2-16）。肘关节尺侧副韧带、前臂浅层屈肌（除肱桡肌外）和旋前圆肌都起自肱骨内上髁，过度外展、外翻和过度伸展肘关节或前臂屈肌、旋前圆肌突然猛烈收缩的动作都可牵拉肱骨内上髁的韧带、肌腱附丽区，使其造成损伤。典型机制是高尔夫球的挥杆动作，由于急剧伸肘，前臂旋前和猛烈屈腕引起肱骨内上髁屈肌附丽部捩伤。高尔夫球肘的表现形式和网球肘相似，是肌腱的玻璃样退行性变，但是发病率只有网球肘的10%，常见于标枪、棒球、羽毛球、体操、高尔夫球、举重、排球等项目。

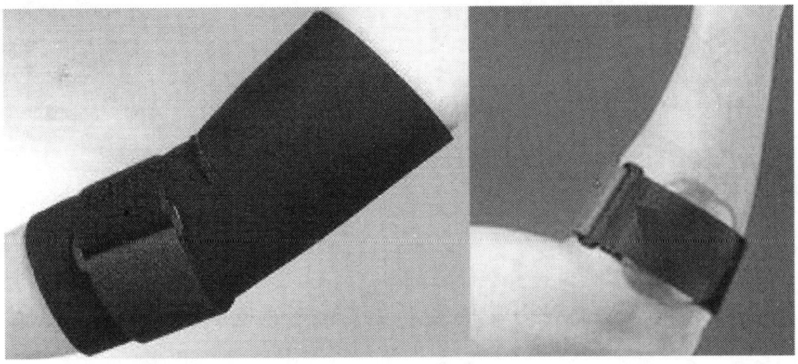

图2–16　高尔夫球肘疼痛部位：肱骨内上髁

（2）征象

主要症状是在前臂伸肌活动时肘部内侧出现疼痛，多数病例无明确受伤史而逐渐发生肘内侧疼痛，肱骨内上髁处有明显压痛。进行前臂屈肌抗阻试验，患者伸手指和伸腕关节，以手按压患者手掌，患者抗阻曲腕，肘内侧出现疼痛，试验为阳性。前臂屈肌抗阻试验呈阳性提示有肱骨内上髁病变发生。

（3）处理

处理和网球肘的治疗类似，针灸、手法治疗和理疗一般都有效果。使用考的松和麻醉药进行痛点注射局部封闭时，应注意避免注射到肌腱内。患者应在无痛范围内进行主动练习、牵拉练习和力量练习。保守治疗无效可考虑手术治疗。

3. 韧带损伤

（1）原因

肘关节的外侧副韧带损伤通常是由于摔倒时手臂伸直着地造成的，外侧副韧带损伤后可能造成肘关节的失稳甚至脱位（图2–17）。肘关节内侧副韧带损伤的常见原因是肘关节过度外翻和过度伸展造成的（图2–18），反复外翻和旋转造成内侧副韧带在肱骨附丽区发生撕裂。另外，摔倒也可以造成内侧副韧带部分或完全撕裂。

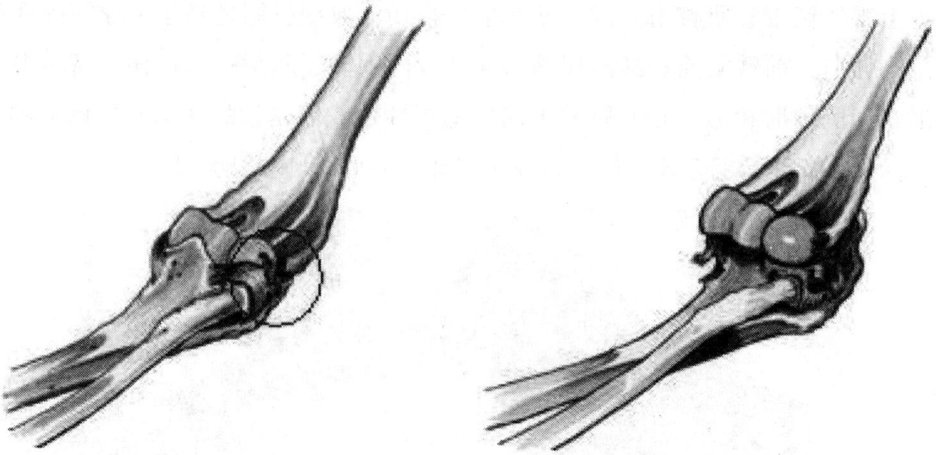

图2-17　肘关节外侧副韧带损伤（左）和可能造成的关节脱位（右）

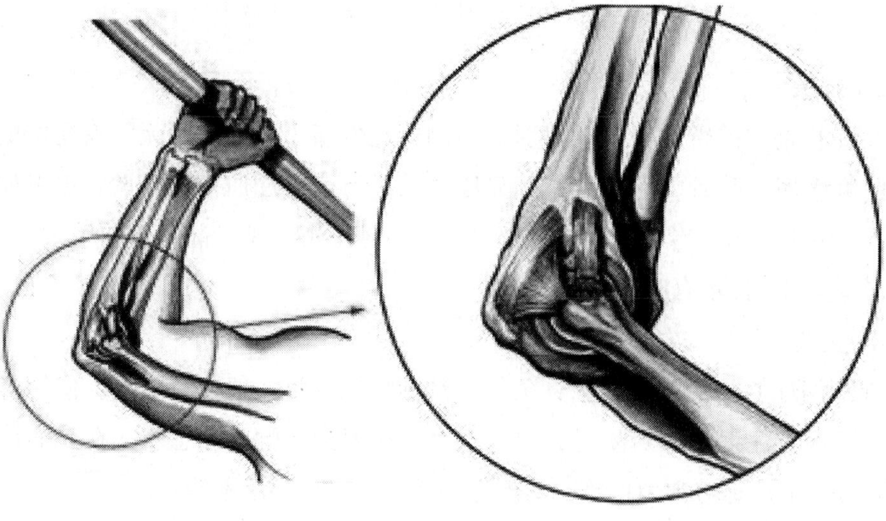

图2-18　肘关节内侧副韧带损伤的典型机制：反复外翻和旋转

（2）征象

肘关节外侧韧带损伤时，在肱骨外上髁会有肿胀、压痛，偶尔有瘀斑。严重的外侧副韧带损伤可能会有排列不齐和严重的活动受限。如果外侧副韧带损伤后有脱位发生，需要检查末端循环和外周神经功能。内侧副韧带损伤的主要症状是活动时肘部内侧疼痛、内侧有局部压痛和外翻疼痛。如果韧带完全断裂，在急性期有肿胀、瘀斑和失稳的情况。

（3）处理

肘关节的韧带损伤在损伤急性期需采用PRICE原则治疗。如果韧带损伤伴有肘关节脱位，应立即进行复位；如果有条件，在复位前进行X光检查；如果无法进行人工复位，需要进行手术复位，复位后肘部的固定时间最长不超过3周。要尽早在无痛范围内进行活动和功能训练，避免发生关节强直。在没有完全恢复前，肘关节要避免各种被动的牵拉练习。在关节活动范围完全恢复后再开始力量练习。如果损伤被忽视或没有完全康复就重新训练、比赛，很可能出现肘关节内侧或外侧的慢性疼痛。

（三）手和腕

1. 腕部挫伤

（1）原因

腕部挫伤是手腕在伸展状态下摔倒或受到直接打击而引起，也可在伸展或屈曲时受到扭曲的负荷作用而造成。

（2）征象

腕部挫伤要排除骨折的征象，如果有皮肤变色、水肿、排列不齐和失稳，应该进行X光检查。通常腕部挫伤的症状不严重，有软组织挫伤或关节囊损伤，疼痛和肿胀在几天后会消失，关节活动范围受限也会逐渐好转。如果有严重疼痛或疼痛、水肿的现象在1周内没有消除，需要进行X光检查。

（3）处理

腕部挫伤在急性期内采用PRICE原则治疗，可以使用非甾体抗炎药进行抗炎镇痛，石膏固定数天对腕部有保护和促进愈合的作用。在恢复运动时，注意循序渐进，使用运动贴布带粘扎和腕关节护具是有效的保护方法。通常没有合并其他损伤的腕部挫伤的运动员，在1～2周内就可重新进行训练和比赛。

2. 韧带损伤

（1）原因

腕骨之间、腕骨和桡骨、尺骨和掌骨之间依靠大量的韧带来支持和固定，掌侧的骨间韧带最坚固，在背侧的其他骨间韧带比较坚固。手在过伸、尺偏和有些旋转的位置下受到重击或摔倒，能造成韧带损伤或骨折。韧带损伤常见的是舟月韧带或月三角韧带的损伤（图2-19）。

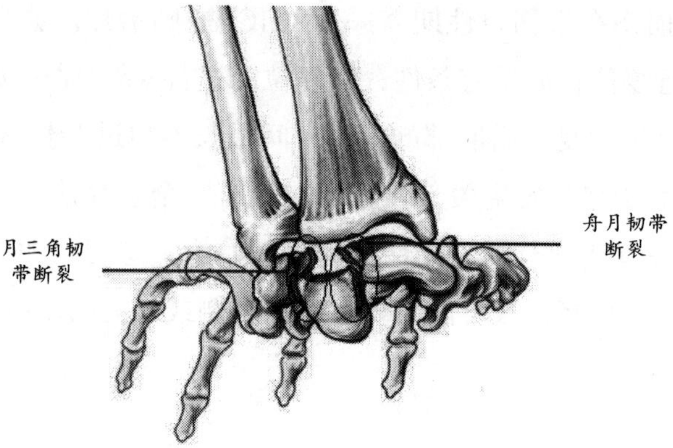

图2-19　舟月韧带和月三角韧带损伤

（2）征象

腕部韧带损伤的症状包括疼痛、肿胀、压痛和关节活动范围受限。在有较大的致伤力和有明显的肿胀、疼痛情况存在时，应怀疑有韧带损伤。在韧带不完全断裂时，患者主诉疼痛、腕部有弹响声，在手旋转时有“关节分离”感觉，可能造成关节失稳。

（3）处理

通常韧带损伤需要进行手术重建正常的解剖结构，手术治疗包括骨骼重新定位、韧带固定和韧带修复。在有韧带损伤造成的关节失稳时，手术可能还包括关节囊固定、肌腱固定和关节固定。在术后石膏固定腕部6～12周。

3. 肌腱断裂

（1）原因

手腕部肌腱通常情况下很少发生损伤，只有拇长伸肌肌腱在桡骨骨折时容易合并损伤发生断裂（图2-20）。骨折增加拇长伸肌肌腱鞘内的压力使得肌腱容易断裂。

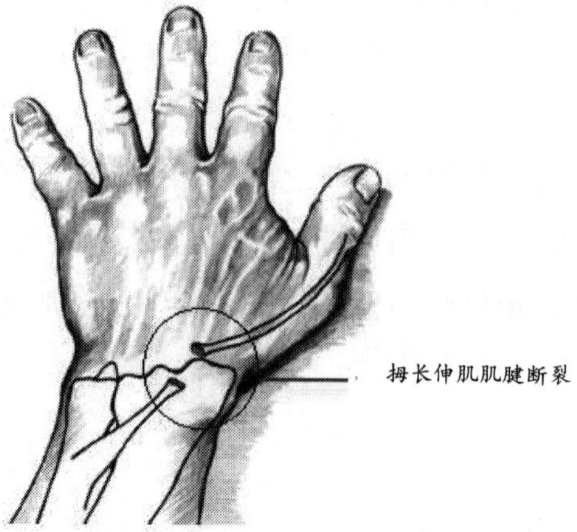

图2-20　拇长伸肌肌腱损伤

（2）征象

肌腱损伤后的症状和体征是压痛、肿胀、无力和活动范围受限。对患者进行拇长伸肌的功能测试时，让其将手掌平放，然后将拇指抬起，如果拇长伸肌肌腱断裂，拇指将无法抬起。

（3）处理

疑似或确诊肌腱损伤需要进行手术治疗，重建正常解剖结构和修复肌腱。屈肌肌腱在术后要固定5周，伸肌肌腱术后要固定5周。

二、自学内容

（一）肩部

1. 锁骨骨折

（1）原因

锁骨受到直接的打击会发生锁骨骨折。在体育运动中更为常见运动员摔倒肩部直接着地或手臂伸展着地导致锁骨骨折。锁骨骨折在青少年中极为常见。根据骨折发生在喙锁韧带的内侧或外侧分为内侧骨折和外侧骨折（图2-21）。外侧骨折常常是肩部外侧受到直接的创伤造成的。

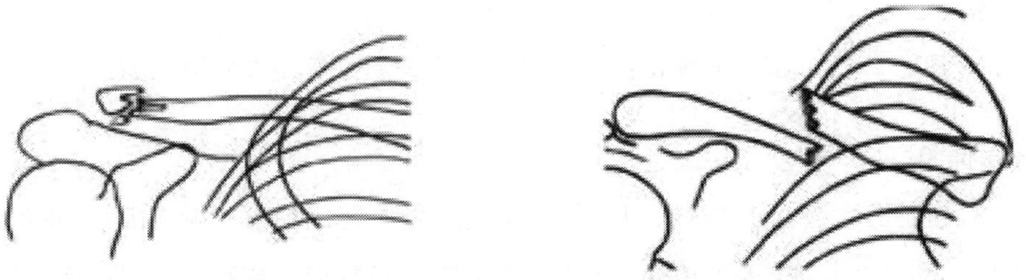

图2-21 锁骨的外侧骨折（左）和内侧骨折（右）

（2）征象

锁骨骨折发生时，肿胀和锁骨结构的排列不齐是很容易被发现的。如果发生外侧骨折，疼痛、肿胀和排列不齐出现在肩锁关节一端。X光检查需要肩锁关节和胸锁关节两处的影像共同确定。

（3）处理

大多数的锁骨骨折治疗比较容易，稳定的骨折通常不需要手术，在数周内就会愈合。骨折如果有错位，愈合后会使锁骨缩短并在骨折处出现肿块，但是不会影响锁骨的功能。严重的锁骨骨折，如开放性骨折、骨折伴有关节囊破裂、粉碎性骨折、联合创伤等，需要进行手术治疗。锁骨骨折愈合后通常不会影响肩关节的功能，运动员进行原有的训练和比赛不会有问题。锁骨外侧骨折愈合后可能会伴有疼痛和功能下降的后遗症。如果有这样的情况，可以进行手术切除锁骨远端消除不良影响。

2. 肩锁关节损伤

（1）原因

在体育运动中，肩锁关节常常受伤，通常是因为肩部着地造成的。如果肩部外侧着地，肩锁关节会被压缩，关节表面和关节内软骨会受到损害；如果冲击力来自上方，锁骨位置不变，包括关节囊在内的肩部结构会被向下挤压，可能造成喙锁韧带损伤（图2-22）。

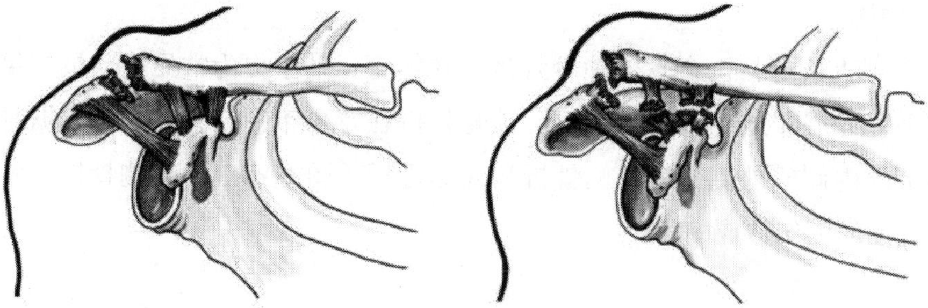

图2-22　肩锁关节损伤：关节损伤（左）和喙锁韧带断裂（右）

（2）征象

肩锁关节损伤后会引起疼痛，肩锁关节上方会肿大，根据疼痛和肿大的程度可以判定损伤的严重程度。通过负重和不负重时肩部的X光影像可以确诊损伤的程度。

（3）处理

如果肩锁关节损伤发生关节囊损伤、关节不完全脱位和喙锁韧带断裂，进行保守治疗即可恢复。轻度的肩锁关节损伤一般愈合良好，可能会有排列不齐和肩关节失稳的问题。如果有明显的关节脱位，应该进行手术治疗，恢复关节的正常解剖结构。在急性期，需要进行镇痛抗炎处理和肩关节固定。随后根据患者的疼痛耐受程度，逐步增加肩部活动，开始时加大关节活动范围，然后是抗阻练习。当患者肩部的活动范围和力量水平恢复正常后，就可重返运动场进行训练和比赛。

（二）肘部

1. 肱三头肌肌腱损伤

（1）原因

肘关节受到突然的离心负荷，如摔倒时手臂伸直着地，或肘关节受到直接打击，引发肱三头肌肌腱的损伤，可能会造成部分或完全的撕裂。急性期处理不当或微细损伤的积累会造成慢性的肱三头肌肌腱病。此外，滥用合成类固醇会增加肱三头肌肌腱断裂的危险，慢性肌腱病会使肱三头肌肌腱更容易断裂。肱三头肌肌腱滑动主要是尺神经半脱位引起的，也有部分是肌腱滑过内上髁所致。

（2）征象

肱三头肌肌腱病使肘关节活动时出现疼痛，在鹰嘴后的肱三头肌肌腱附丽区有压痛。肱三头肌肌腱断裂时，运动员主诉疼痛，可见肿胀和瘀斑，在鹰嘴后触诊可能有凹陷。如果伸肘功能丧失，肱三头肌可能完全断裂。进行汤普森试验可以判断肌腱是否完全断裂（图2-23）。试验时，支撑住患者损伤手臂，屈肘90°，快速挤压肱三头肌。如果肌腱没有完全断裂，反射性肌紧张将使肘关节伸直；如果没有引起肌紧张反射，肱三头肌肌腱则完全断裂。肱三头肌肌腱滑动常常使患者感到有东西在肘关节向后内侧滑动的感觉，有时伴有疼痛。

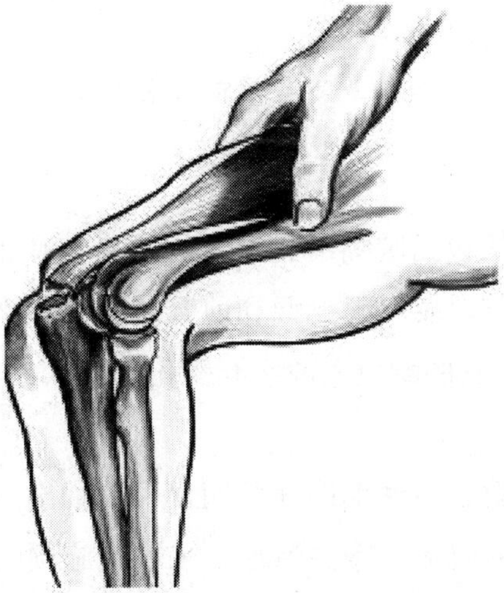

图2-23　肱三头肌肌腱的汤普森试验

（3）处理

肱三头肌肌腱完全断裂必须进行手术，缝合断裂的肌腱；肌腱部分断裂可以进行保守治疗。在疼痛允许范围内开始主动练习，逐渐加大活动范围；然后是功能练习、力量练习。肱三头肌肌腱病需要改变肘部的活动方式才能去除致伤因素的影响，使用护具或运动贴布粘扎有保护作用。可以使用考的松注射进行局部封闭，但是不可注射入肌腱内。肌腱滑动一般不用特别处理，只有滑动引起的疼痛无法忍受时才考虑进行手术治疗。

2. 鹰嘴滑囊炎

（1）原因

肘部受到外力打击或摔倒容易使鹰嘴受伤，造成出血性滑囊炎。如果滑囊受到持续刺激，急性滑囊炎会发展为慢性炎症（图2-24）。

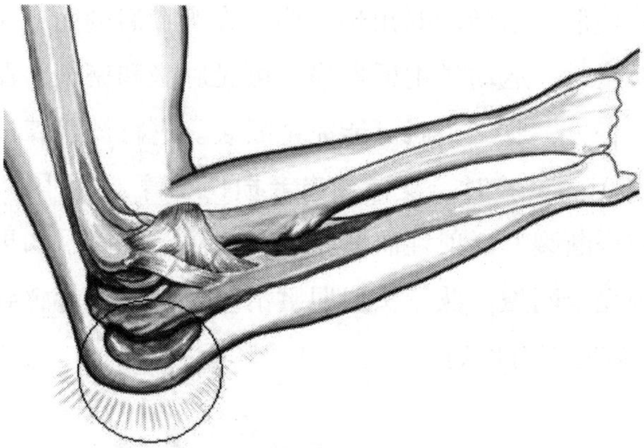

图2-24　鹰嘴滑囊炎

（2）征象

急性鹰嘴滑囊炎的症状包括鹰嘴滑囊上方的压痛、肿胀和触摸波动感。皮肤的颜色通常会发生改变，滑膜破裂能引起上臂和前臂的肿胀和疼痛。慢性鹰嘴滑囊炎的症状和急性症状类似，不过皮肤的颜色一般没有变化。

（3）处理

急性鹰嘴滑囊炎发生后，急性期内症状明显可以抽出关节内的血液，必要时反复抽取数次。慢性鹰嘴滑囊炎通常不需要治疗，采取措施预防新伤发生即可。如果症状严重，可以抽取滑囊内液体，注射考的松进行局部封闭，然后加压包扎限制肿胀，封闭治疗需要进行2～3次。如果问题继续存在，可以考虑手术切除鹰嘴滑囊。

（三）手指

掌指关节和指间关节扭伤

（1）原因

掌指关节和指间关节由掌骨与近节指骨，以及近、中、远各节指骨构成。关节囊背侧松弛，关节前面有关节囊增厚形成的掌板，以限制掌指和指间关节过伸；关节两侧有侧副韧带加固以限制侧向运动。掌指关节和指间关节扭伤通常是由于手指受到侧方或扭转暴力引起掌指和指间关节产生过度的内收、外展或旋转而造成的。篮球、排球、手球、水球运动中手指被球撞击或接球技术动作错误，都可引起侧副韧带或关节囊损伤。情况严重的可能引起掌指或指间关节脱位和撕脱骨折。掌指关节和指间关节扭伤常见于篮球、排球、手球、水球和足球守门员。

（2）征象

掌指关节和指间关节扭伤的症状和体征是有明显的受伤史，受伤后关节周围肿胀、疼痛剧烈、局部有压痛、关节活动受限、伸屈不灵活。侧副韧带损伤时，关节损伤侧肿胀压痛明显，向对侧扳动远端指节时疼痛。如果韧带部分或完全断裂，进行侧扳会有松弛感，严重者有开口感。关节脱位有排列不齐、功能丧失。指间关节脱位可伴发指骨基底部骨折，X光检查可助诊断。

（3）处理

掌指关节和指间关节扭伤的急性期采用PRICE原则治疗。轻度扭伤，关节稳定性正常者，可于微屈位轻轻拨伸牵引，然后固定。掌指关节扭伤在屈曲90°位固定；指间关节扭伤可用胶布和相邻的手指一起固定于微屈位，3周后解除固定。侧副韧带断裂及指间关节脱位应及时送医院进行手术治疗。指间关节扭伤不宜做局部手法治疗，以免过多刺激引起局部组织增厚。固定不能超过3周，避免发生关节强直影响指关节功能。解除固定后至伸屈功能完全恢复前，对手指易于触碰器材的活动应小心。轻度扭伤后没有停止训练、比赛的运动员应使用运动贴布或护具对患指加以保护，限制受伤关节活动范围。

【本节小结】

肩部常见的运动损伤包括肩关节脱位、肩袖损伤、创伤后关节失稳、锁骨骨折和肩锁关节损伤。肩部损伤的主要原因是摔倒时肩部着地或受到外力打击造成的。肩关节脱位需要尽快进行复位，锁骨骨折和肩锁关节损伤需要转送医院进行处理。肩袖损伤是肩部最为常见的损伤，不论是急性创伤还是慢性创伤都是运动损伤治疗中的难点。

肘部常见的运动损伤包括网球肘、高尔夫球肘、内侧和外侧副韧带损伤、肱三头肌肌腱断裂和腱病、鹰嘴滑囊问题。网球肘是肘部最为常见的运动损伤，反复负荷导致伸肌肌腱起始处的玻璃样退行性变引起肱骨外上髁疼痛，网球肘在很多项目的运动员中都可见到。高尔夫球肘和网球肘类似，为肱骨内上髁疼痛，发病率比较低。

在运动训练中腕部经常发生挨伤，挨伤是手腕在伸展下摔倒或受到直接打击而引起的，也可在伸展或屈曲时受到扭曲的负荷作用而造成，通常不会引起严重的问题。腕部的韧带损伤和肌腱损伤也不多见。

手指部位的常见运动损伤为掌指关节和指间关节挨伤，通常是由于手指受到侧方或扭转暴力引起掌指和指间关节产生过度的内收、外展或旋转而造成的，可引起侧副韧带或关节囊损伤。情况严重的可能引起掌指或指间关节脱位和撕脱骨折。篮球、排球、手球、水球、足球运动员常见，虽然问题不大，但是会影响运动员的技术动作。

思考题

1. 肩关节脱位发生原因是什么？有什么征象？如何处理？
2. 肩袖损伤发生原因是什么？有什么征象？如何处理？
3. 网球肘发生原因是什么？有什么征象？如何处理？
4. 高尔夫球肘发生原因是什么？有什么征象？如何处理？
5. 肘部韧带损伤发生原因是什么？有什么征象？如何处理？
6. 腕部挨伤的原因是什么？有什么征象？如何处理？
7. 腕部韧带损伤发生原因是什么？有什么征象？如何处理？
8. 掌指关节和指间关节挨伤的原因是什么？有什么征象？如何处理？

第四节　下肢的运动损伤

一、课堂教学

（一）大腿

1. 大腿挫伤

（1）原因

大腿受到外力的直接打击造成肌肉挫伤是运动中最为常见的急性损伤之一。足球运动员在拼抢中被对手的膝盖撞到大腿造成挫伤是足球运动员经常发生的损伤，其他如篮球、冰球等碰撞接触性项目中大腿挫伤现象也很常见。

（2）征象

大腿挫伤的典型征象是急性疼痛、肿胀和功能丧失。大腿挫伤会造成肌肉内或肌肉间出血，出血都会造成肿胀，如果出血较多能直接观察到瘀斑（图2-25）。如果是肌肉内出血，肌间隔被血液充满，膝关节屈曲会小于90°；如果是肌肉间出血，血液通过筋膜外泄，疼痛较小，膝关节的活动范围较大。

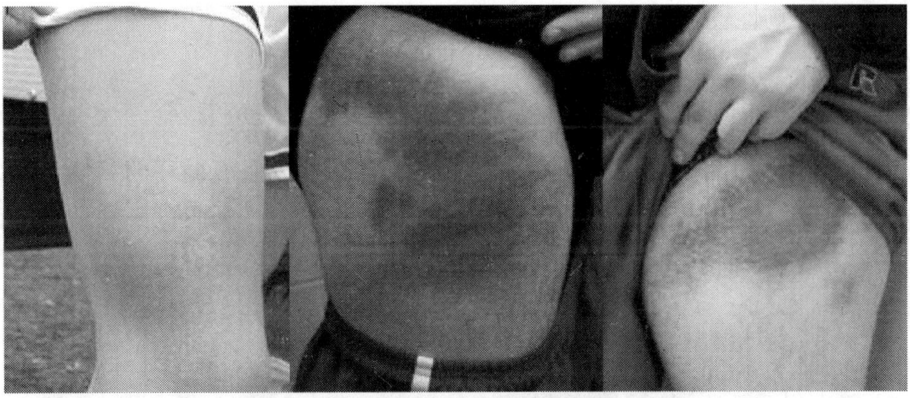

图2-25　大腿挫伤的瘀斑：侧部（左）、上侧部（中）和上部（右）

（3）处理

在大腿挫伤发生后，急性期内应该采用PRICE原则治疗。在发生挫伤后进行应急处理，髋关节和膝关节保持在屈曲位，对伤处进行冷疗和加压包扎止血（图2-26）。髋关节和膝关节保持屈曲位可以降低肌肉内压力，有助于止血。如果挫伤不严重，伤后2～3天可以开始进行主动练习；如果受伤严重，需要休息4～5天。在急性期后，可以进行手法治疗促进伤处的循环，尽早开始促进血液循环的主动练习和牵拉练习也有助于损伤的康复。肌肉内出血愈合一般需6～12周，肌肉间出血愈合只需数周。如果损伤很小，1周内肌肉力量可以基本恢复正常。

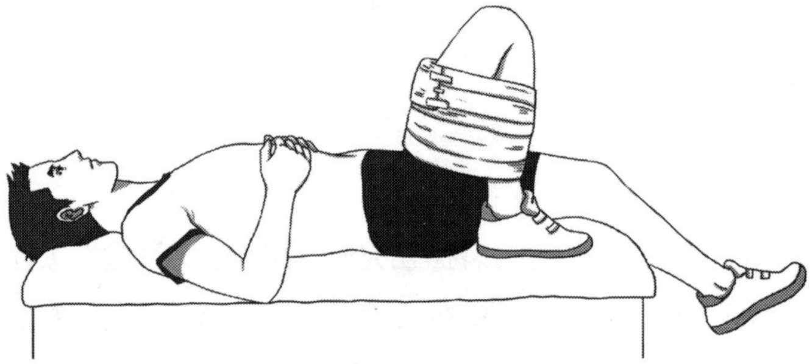

图2-26 大腿挫伤的应急处理

2. 腘绳肌拉伤

（1）原因

腘绳肌拉伤是由于腘绳肌承受负荷过大而造成的，在短跑运动员和足球运动员中很常见。拉伤引起肌肉—肌腱交界区撕裂，在肌肉—肌腱交界区的任何区域都能发生损伤。腘绳肌/股四头肌力量比值下降或腘绳肌的力量相对过弱的运动员发生腘绳肌拉伤概率较大，柔韧性较差或柔韧性下降也会使得腘绳肌拉伤概率增大。

（2）征象

腘绳肌在拉伤时立即引起剧烈疼痛，有大腿后部被重击的感觉，运动员会立刻被迫终止活动。腘绳肌的血液供应丰富，在损伤时常常处于血液循环的高峰，所以拉伤会造成大量出血。拉伤后会发生肿胀，可能会观察到瘀斑，肿胀程度和拉伤程度相关（图2-27）。

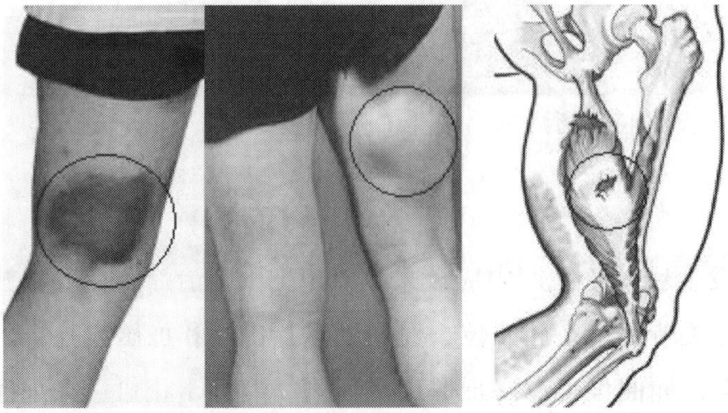

图2-27 腘绳肌拉伤的瘀斑（左）、肿胀（中）和损伤部位（右）

（3）处理

在腘绳肌拉伤发生后，急性期内应该采用PRICE原则治疗。如果是急性肌腱断裂，需进行手术修复断裂的肌腱。肌腱修复术在损伤后2周内进行。在损伤2天后开始促进血液循环的练习。手法治疗在急性期后进行，按摩和电疗都有助于促进循环和消除肿胀。通常在几周后恢复训练，但是需要肌肉爆发力项目的运动员需要较长时间的康复。如果运动员过早恢复训练和比赛会增加再损伤的危险。

（二）膝部

1. 内侧和外侧副韧带损伤

（1）原因

内侧副韧带是膝关节最常受伤的结构，大约40%的膝关节损伤涉及内侧副韧带。膝关节过度外翻造成内侧副韧带的损伤，常见机制是摔倒受到压迫或直接外力打击在轻微屈曲的膝关节上造成外翻损伤内侧副韧带。内侧副韧带的损伤通常是孤立损伤，只局限在韧带的近端或远端。外侧副韧带损伤比较少见，通常是由于膝关节内侧受到外力打击或过度伸展而造成的。由于膝关节外侧由一系列的韧带和肌腱组成，外侧副韧带损伤会更加复杂，外侧副韧带损伤时常涉及腓肠肌、腘绳肌、髂胫束等（图2-28）。

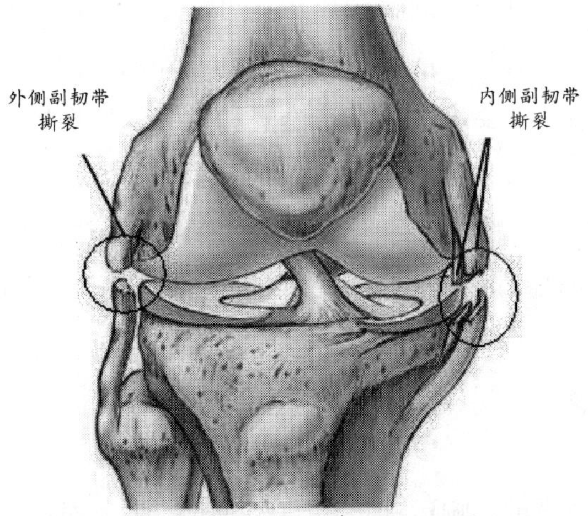

图2-28　膝关节内侧和外侧副韧带损伤

（2）征象

内侧或外侧副韧带损伤时，患者主诉膝关节内侧或外侧有剧烈的疼痛。副韧带的损伤不会引起关节肿胀，在急性期内屈曲和伸展的范围下降，外侧副韧带损伤通常有关节积血。进行外翻或内翻试验（图2-29）时，让患者屈膝30°，握住膝关节，施加外翻或内翻力，使内侧或外侧副韧带拉紧，将拇指放在关节缝，检查关节缝的张开情况，如果张开，试验为阳性。内侧副韧带损伤时外翻试验为阳性；内翻试验为阳性说明膝关节有严重的外侧损伤，如果没有触及外侧副韧带，患者可能是合并其他结构的严重损伤。

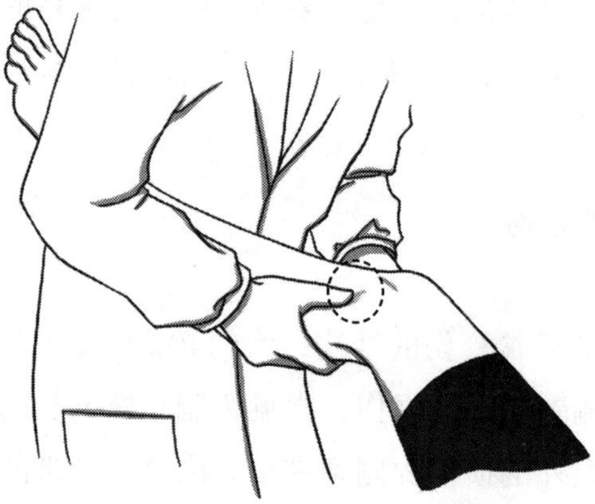

图2-29　膝关节外翻或内翻试验

（3）处理

内侧或外侧副韧带损伤发生后，在急性期应采用PRICE原则治疗。非甾体抗炎药对减轻疼痛和水肿有效果。一些膝关节的特殊护具、装有冰水的水袋可对膝关节加压，对副韧带损伤的治疗有很好的辅助作用，可以帮助止血和限制肿胀。外侧副韧带的严重损伤需要进行手术治疗，通常重大的内侧或外侧副韧带损伤会合并前十字韧带损伤，造成膝关节失稳，需要进行韧带的修复和重建。损伤后一旦疼痛允许即可开始进行康复练习，重点是恢复力量、关节活动范围和神经肌肉功能，通常在伤后2～4天，患者应该避免外翻或内翻动作的练习。普通的副韧带损伤在6～12周后恢复正常；严重的外侧副韧带损伤恢复时间会长一些，对运动员恢复训练和比赛可能造成一定影响。

2. 前十字韧带断裂

（1）原因

前十字韧带损伤是严重影响运动员运动水平的膝关节损伤，一般前十字韧带损伤都是完全撕裂，也有部分仅为后外侧或前内侧部分撕裂。前十字韧带损伤常常合并其他膝关节结构的损伤，除了内侧和外侧副韧带的损伤，75%合并半月板损伤，骨骼和软骨的合并损伤也很常见。足部固定在地面、膝关节在几乎伸直的状态下做外旋或内旋动作是前十字韧带损伤的常见机制（图2-30），在篮球、手球运动员中常常发生。

受到外力打击造成膝关节外翻、膝关节过伸也是前十字韧带损伤的常见原因，在篮球、足球、橄榄球等碰撞接触性项目中常见；在滑雪时摔倒，由于被滑雪板卡住造成膝关节外翻和外旋，也会造成前十字韧带撕裂（图2-31）。

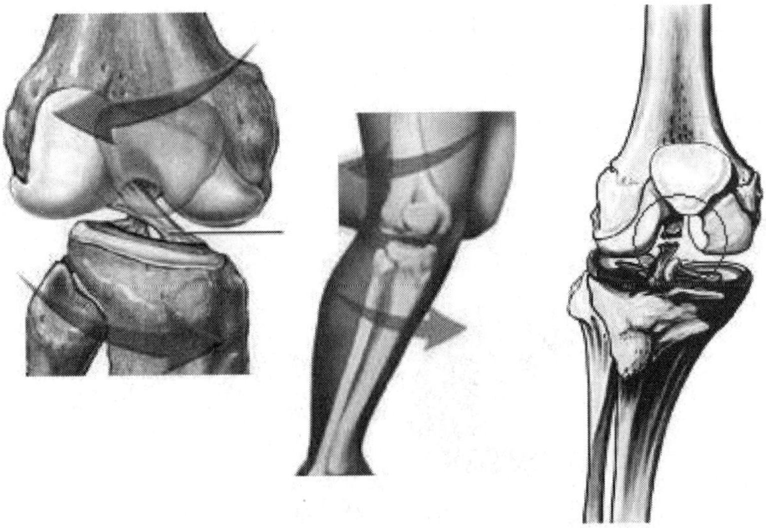

图2-30 前十字韧带损伤典型机制：足部固定、膝关节几乎伸直下外旋

图2-31 前十字韧带损伤机制：膝关节过伸或外力作用下外翻

（2）征象

前十字韧带损伤时膝关节会快速肿胀，12小时内出现明显的关节积血和疼痛，关节活动范围明显受限，在受伤后负重膝关节会感觉软弱无力。在急性期可能很难完成恰当的检查，在急性期后可以通过拉赫曼试验检查前十字韧带的完整性（图2-32）。检查时，让患者屈膝30°，固定股骨，将胫骨用力向前拉，如果胫骨相对于股骨向前滑动没有止点或只有软止点，说明前十字韧带功能不全，有部分或完全断裂。

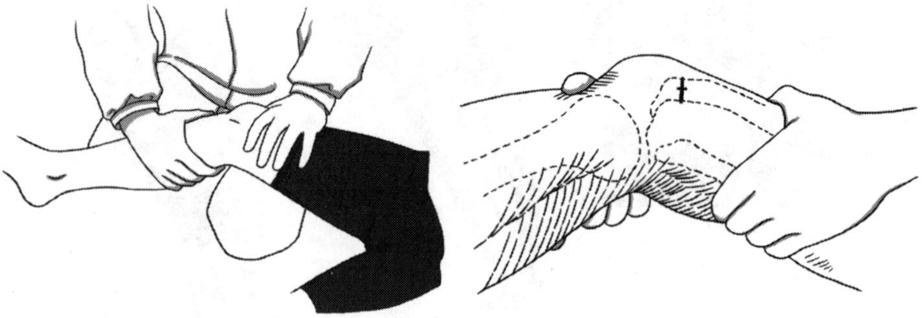

图2-32　拉赫曼试验

（3）处理

在发生前十字韧带损伤的急性期应采用PRICE原则进行治疗。通常需要借助拐杖使膝关节处于不负重的状态。在急性期后需要再次检查，确定损伤的程度和合并损伤的情况。在前十字韧带损伤的患者中，大约1/3患者可以正常生活，1/3患者为了避免手术不得不减少和降低活动水平，1/3患者需要进行手术重建。前十字韧带的修复手术须在受伤后4～8周进行。高水平运动员前十字韧带损伤后会感到膝关节失稳和无力，如果不进行手术修复，发生继发性半月板损伤的危险性很大。进行关节镜手术重建前十字韧带是对应前十字韧带完全断裂的常用手段。前十字韧带没有完全断裂或不需手术的患者，须在膝关节屈曲位固定4～6周，进行保守治疗。手法治疗和理疗有助于消除肿胀、促进血液循环和损伤愈合。康复训练以恢复关节活动范围、力量、神经肌肉功能为基础，是漫长、艰难的过程。

3. 半月板损伤

（1）原因

半月板是膝关节的减震器，半月板韧带对膝关节的稳定发挥着重要作用。当膝关节伸直时，半月板被股骨髁推挤向前；屈曲时，半月板则向后移动。膝关节在半屈曲位做外展外旋或内收内旋时，两侧半月板位于一前一后，如果动作发生得很突然，半月板来不及滑移，就会使半月板在股骨髁和胫骨平台之间发生剧烈的研磨，即可引起各种类型的损伤。如篮球运动员争球、切入投篮跳起或落地、足球运动中追球疾跑转向或急停转身跌倒、体操空翻及各种下法落地由于重心不稳造成膝关节急剧左右闪动，都可能导致半月板撕裂。半月板撕裂可以是桶柄样断裂，也可以是片状断裂（图2-33）。膝关节突然过伸、过屈动作可损伤半月板前、后角。此外，长期反复小创伤或磨损，也可发生半月板退行性变引起损伤。

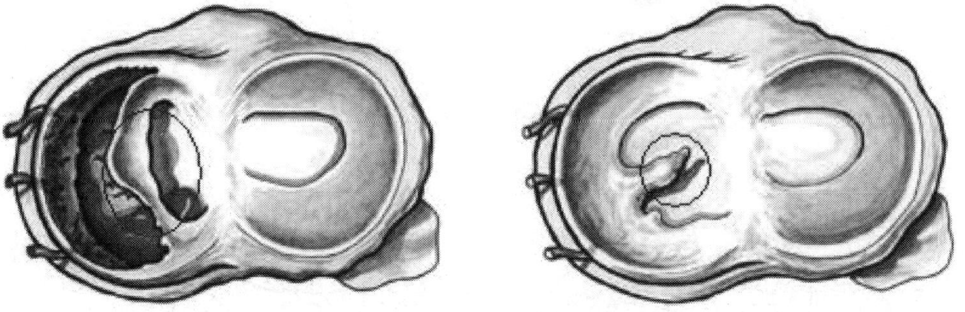

图2-33　半月板的桶柄样断裂（左）和片状断裂（右）

（2）征象

多数患者有确切的外伤史。患者往往是在运动中由于膝关节突然旋转扭伤，或跳起落地时扭伤。桶柄样断裂引起绞锁和疼痛，片状断裂一般只引起疼痛。半月板损伤时，由于伴有韧带和滑膜损伤，产生积血积液，其多少与运动量及强度有一定关系。半月板损伤时，膝关节间隙有压痛，压痛点固定而局限，多次检查位置不变，压痛恒定在伤侧。进行扭转屈伸试验（图2-34）时，让患者仰卧，充分屈膝屈髋，检查者一手握患肢踝足部，另一手扶膝上，使小腿内收、外旋，两手协调配合使膝缓缓伸直，在伸直过程中，如感到关节内有响声并出现疼痛，即表示内侧半月板损伤；如果将以上方法反方向进行，外侧出现疼痛和弹响，即为外侧半月板损伤。为了区别于副韧带损伤，可进行研磨试验（图2-35）。试验时，让患者俯卧，健肢伸直，患膝屈曲90°，检查者两手握住患足，向下加压旋转研磨，如出现疼痛为半月板或关节软骨损伤；如向上提拉旋转出现疼痛者则为关节囊或侧副韧带损伤。

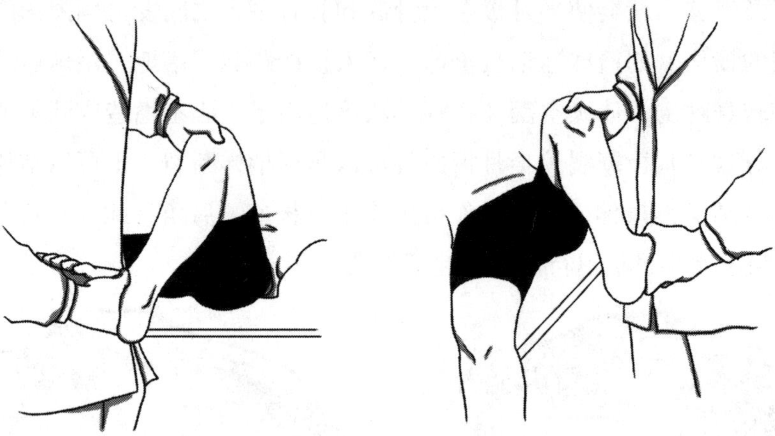

图2-34　扭转屈伸试验

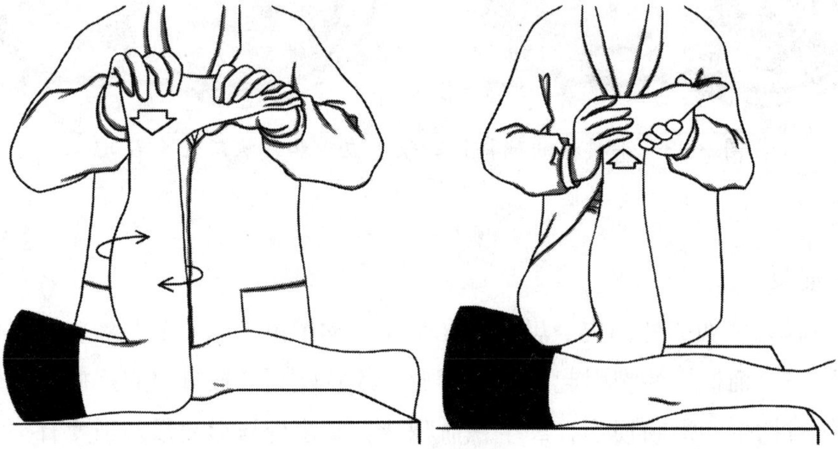

图2-35　研磨试验

（3）处理

半月板边缘区血液供应丰富，损伤容易修复，中心区没有直接的血液供应，损伤后不能自我修复，必须切除。最好在损伤后2周内对外周半月板撕裂做关节镜下的修复。如果撕裂很小，可以进行关节镜下的部分切除；没有横断整个半月板的小撕裂不做手术也能愈合。在半月板术后一般进行力量训练和神经肌肉练习。通常由于半月板损伤引起疼痛，患者在术前肌肉可能萎缩，康复必须持续到肌肉力量和体积完全恢复到正常为止。半月板损伤缝合后至少要4～6个月的休息才能参加膝关节承受扭转负荷的体育运动。小切除手术4周后运动员可以恢复体育活动。

（三）踝部

1. 外侧韧带损伤

（1）原因

踝关节大部分损伤是外侧韧带由于过度内翻发生踝关节捩伤，造成外侧韧带的撕裂。距腓前韧带、跟腓韧带、距腓后韧带构成了踝关节外侧面的韧带支撑，内翻损伤时距腓前韧带最先损伤，大约50%的急性踝关节捩伤是单独的距腓前韧带损伤。如果距腓前韧带断裂，跟腓韧带可能随之断裂，约1%的情况会发生严重的3条韧带同时断裂的损伤（图2-36）。

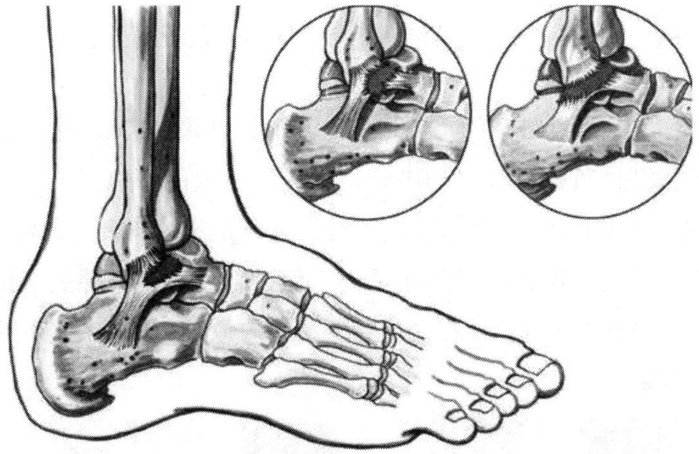

图2-36　踝关节外侧韧带损伤

（2）征象

损伤发生后，患者在外踝前下方有肿胀和压痛，早期肿胀局限在受伤韧带的上方。如果在伤后1～2天进行检查，踝关节外侧常常有弥漫性的肿胀和瘀斑。进行前抽屉试验和内翻试验检查（图2-37）时，检查者握住患足后跟，让患足放在检查者前臂上稍微跖屈，在膝关节放松的情况下，将足部相对胫骨前移。相对于健侧前移距离增大为前抽屉试验阳性，说明距腓前韧带部分或完全断裂；患足处于自然位，检查者握住患足部同时将足内翻，相对于健侧旋后幅度增大为内翻试验阳性，说明距腓前韧带和跟腓韧带复合损伤。有明显触痛的患者需要进行X光检查，以排除骨折的可能。

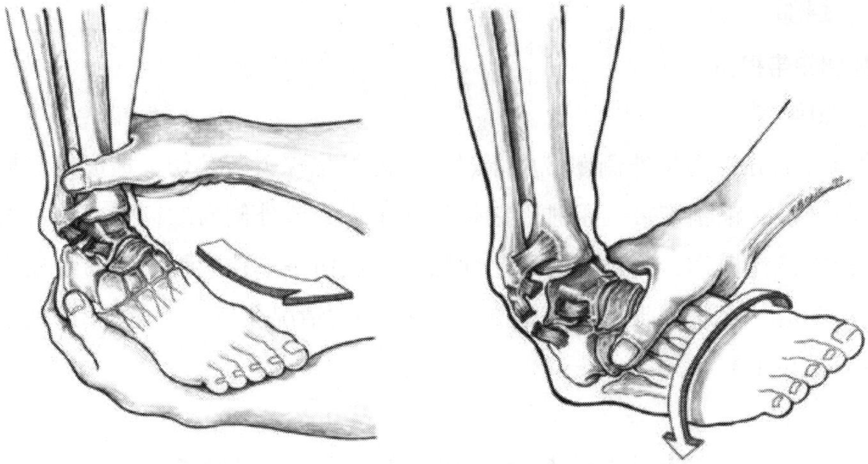

图2-37　前抽屉试验（左）和内翻试验（右）

（3）处理

外侧韧带损伤在急性期处理的首要目的是止血，并采用PRICE原则治疗。行走时使用拐杖以减轻受伤肢体负荷是最好的措施，而进行有效的压迫以限制肿胀和出血在急性期也很重要。要尽早使用非甾体抗炎药治疗，连续使用4～5天有良好的镇痛和消炎效果，使患者能更早活动。不论是预防还是伤后保护，使用各种踝关节护具都有积极的作用（图2-38）。踝关节外侧韧带在受伤后6～8周内愈合，如果在急性期得到良好的治疗，功能会恢复得更快。

图2-38　踝关节护具

2. 内侧韧带（三角韧带）损伤

（1）原因

相对于外侧韧带损伤而言，踝关节内侧的三角韧带损伤不常见。三角韧带较外侧韧带强壮，解剖结构也比外侧更加稳定。过度外翻是三角韧带损伤的主要原因（图2-39）。

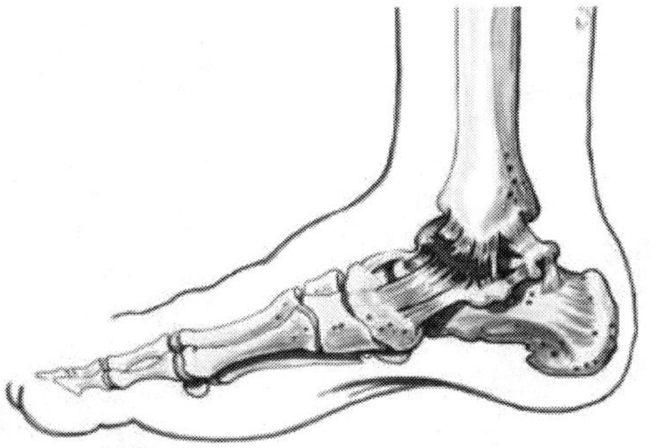

图2-39　踝关节内侧韧带损伤

（2）征象

三角韧带损伤的主要征象是在内踝上有压痛和肿胀。如果三角韧带完全断裂，常常能够触及韧带上的缺损。需要进行外翻试验确诊。试验时，让患足处于自然位，检查者握住足部同时将足外翻，相对于健侧旋后幅度增大为外翻试验阳性，三角韧带有部分或完全撕裂。如果情况严重，需要进行X光检查排除骨折和韧带联合损伤。

（3）处理

三角韧带损伤后的处理和外侧韧带处理相同。单纯的韧带损伤采用PRCIE原则治疗，在急性期得到良好的治疗可以加快功能恢复。各种踝关节护具对三角韧带损伤有较好的预防和保护作用（图2-38）。使用非甾体抗炎药治疗进行镇痛和消炎；使用拐杖以减轻受伤肢体负荷。相对于外侧韧带，三角韧带的康复过程会慢一些。

二、自学内容

（一）膝部

1. 后十字韧带断裂

（1）原因

相对于前十字韧带的损伤，运动中后十字韧带损伤的发病率只有前十字韧带损伤的1/10。胫骨上部受到直接的打击是后十字韧带损伤最常见的原因。如对手在摔倒时直接压在胫骨上迫使胫骨向后移动，胫骨相对于股骨的后移造成了后十字韧带的损伤。如果外力是向着胫骨前内侧或前外侧方向，后十字韧带撕裂会合并外侧或内侧结构的损伤，一半多的后十字韧带损伤会合并膝关节其他结构的损伤（图2-40）。

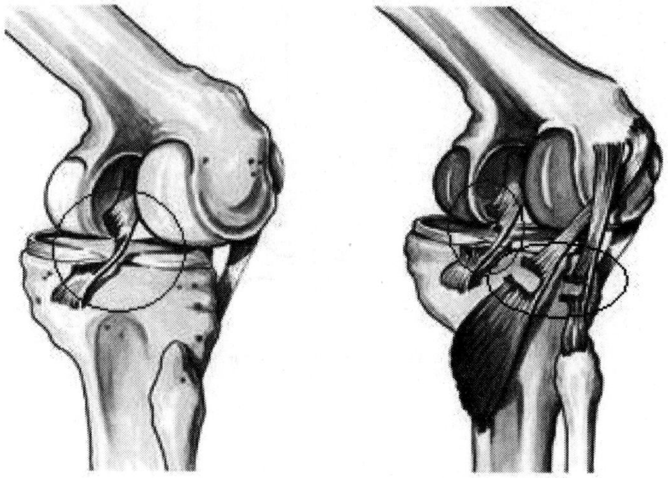

图2-40　后十字韧带损伤：单纯损伤（左）和合并损伤（右）

（2）征象

通常患者有确切的外伤史，能回忆起在运动时胫骨结节受到的直接打击。在后十字韧带损伤后，患者会立即感到剧烈的疼痛，一部分患者可能不会出现早期的膝关节积血和肿胀，但是终归会出现肿胀的情况。检查后十字韧带的完整性可进行后抽屉试验和下垂试验（图2-41）。试验时让患者屈膝90°，将胫骨向后推，胫骨相对于股骨滑向后方为后抽屉试验阳性；让患者处于卧位，髋关节和膝关节屈曲，胫骨相对于健侧向后下垂为下垂试验阳性。后抽屉试验和下垂试验阳性说明后十字韧带损伤。后十字韧带损伤常常合并其他损伤，如果怀疑是复合损伤，需进行MRI检查。

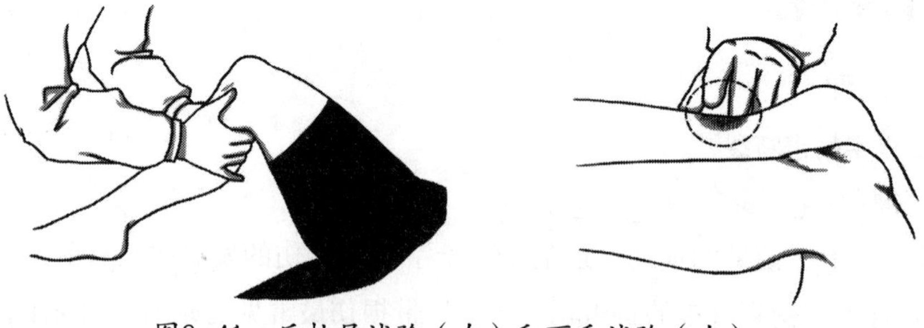

图2-41　后抽屉试验（左）和下垂试验（右）

（3）处理

通常单独的后十字韧带损伤可以通过积极的康复来治疗，但如果是复合损伤，特别是有重大的外侧损伤或关节脱位，需要进行手术治疗，手术最好在伤后2周内进行。后十字韧带损伤的康复时间需要几个月，力量训练和神经肌肉练习都要进行，特别是股四头肌的训练，股四头肌可以限制胫骨的平移。

2. 髌腱腱病

（1）原因

髌腱腱病又称跳高者膝，是膝关节常见的慢性损伤。由于反复进行跳跃动作，髌腱承受反复负荷和牵拉造成微细损伤，使肌腱发生退行性变。一些运动员是在大强度训练或剧烈比赛后发生，一些运动员是逐渐发生。从练习后疼痛到热身后疼痛，直至活动时疼痛得不能承受以前的训练或比赛任务，最后发生髌腱完全断裂。髌腱腱病在排球、足球、篮球等项目的运动员中常见。

（2）征象

髌腱附丽区有明显触痛和活动引起同一部位疼痛的病史是髌腱腱病的征象。髌腱腱病的疼痛一般位于髌骨远端，即髌腱近端和髌骨下缘髌腱的附丽区（图2-42），疼痛偶尔也存在于髌骨的股四头肌附丽区。患者在下楼、驾车或长时间屈膝坐姿后疼痛。

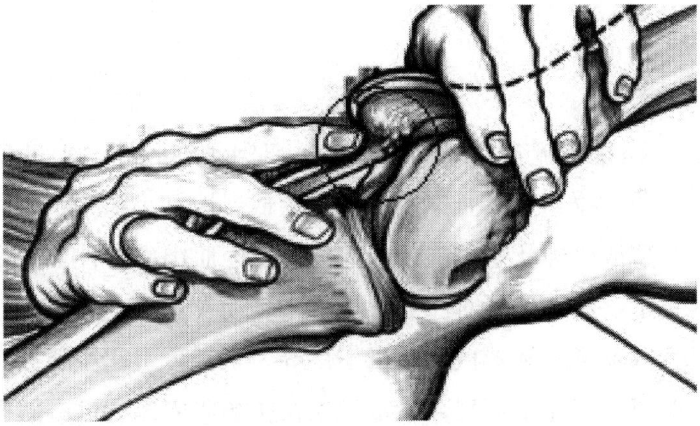

图2-42　髌腱腱病常见疼痛区

（3）处理

进行离心力量训练是常用的治疗方法，对髌腱腱病有一定的疗效。离心训练在20°坡板上进行，让患者下蹲至屈膝90°，用受伤的一侧下肢下蹲承受离心负荷，然后用未受伤的一侧下肢站立，每次离心工作为2秒，15次1组，每次3组，每天进行2次离心练习，进行12周的训练。在训练时确保不会诱发疼痛。如果在6个月离心训练无效后，考虑手术切除患部。在训练和比赛时使用专门的髌腱护具对避免或减轻疼痛有一定的效果（图2-43）。

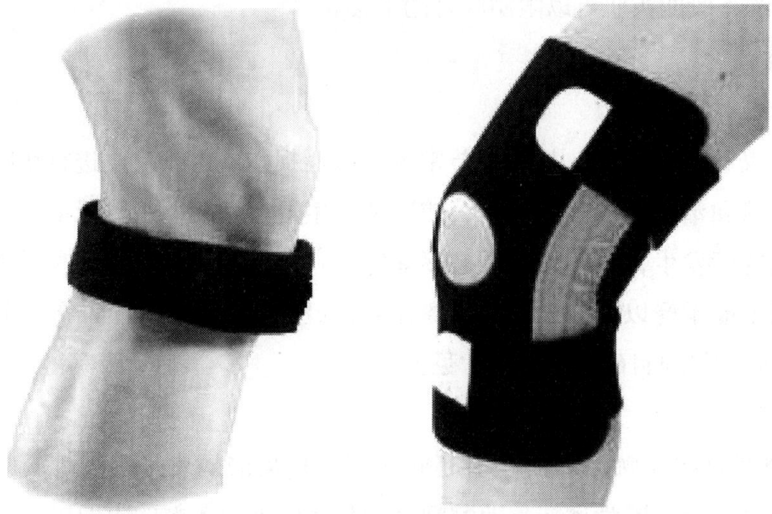

图2-43 髌腱护具

（二）小腿

1. 小腿三头肌拉伤

（1）原因

小腿三头肌拉伤是小腿常见的运动损伤，肌肉主动收缩力超过了肌肉本身所能承担的能力或受暴力牵拉超过了肌肉本身特有的伸展性是小腿三头肌拉伤的机制。运动员准备活动不当造成肌肉状态未能适应运动所需、肌肉的弹性和力量差、疲劳或过度负荷、错误的技术动作或运动时注意力不集中、动作过猛或粗暴、气温过低肌肉僵硬、空气湿度过大以及场地和器械的质量不良等因素都可引起小腿三头肌的拉伤。拉伤一般是小腿三头肌的不完全撕裂，最常发生在腓肠肌内侧，远端肌肉和肌腱的交界区也容易发生撕裂（图2-44）。小腿三头肌拉伤常见于以跳跃和速度为主要专项素质的运动员，如网球、羽毛球、排球、篮球、足球、短跑和跨栏等项目的选手。

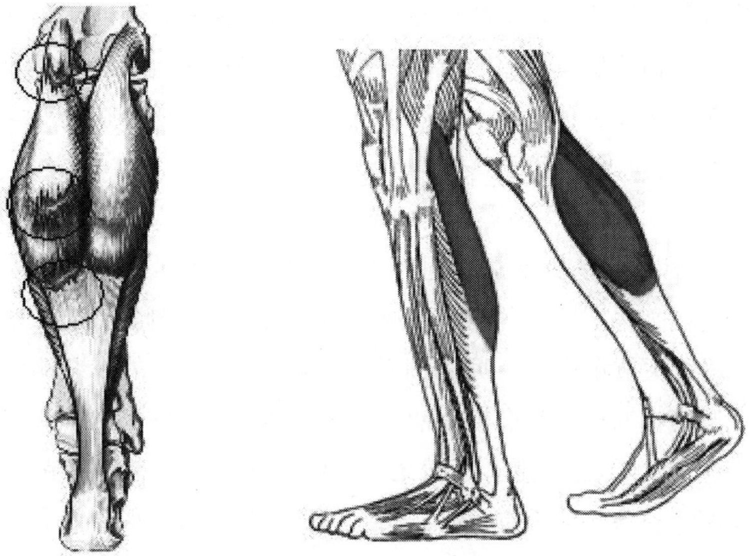

图2-44 小腿三头肌拉伤部位

（2）征象

小腿三头肌拉伤运动员会突然感到损伤部位疼痛，很难用脚尖行走。开始时有可能触到在肌腹上的缺损，但是很快会因为出血和水肿发生局部肿胀无法触到。在断裂部位有触痛是典型体征。小腿肌肉的筋膜很厚，出血常常是发生在肌腹内，如果筋膜有撕裂，损伤后2～3天在受伤部位的远端皮肤会出现瘀斑。

（3）处理

急性期采用PRICE原则治疗，并使用非甾体抗炎药2～3天，利于镇痛和消炎。如果肌肉有大量出血，要慎用非甾体抗炎药。受伤部位需要进行适当的压迫止血。如果小腿三头肌拉伤局部撕裂的疼痛时间持续较长，可以在瘢痕内和四周注射麻醉药和考的松进行局部封闭，然后进行适当的牵拉和力量练习，能够缓解症状。如果是肌肉间出血，恢复时间为2～4周；如果是肌肉内出血，恢复时间至少为8～12周，如果双侧小腿的活动范围对称，活动时没有疼痛并且肌肉力量完全恢复，运动员即可参加体育活动。损伤部位如果形成永久性瘢痕组织，该部位负荷时容易发生再度损伤。

2. 跟腱断裂

（1）原因

跟腱是人体最粗和最坚固的肌腱，在大多数运动中都起着重要作用。但跟腱容易受到反复跑步和跳跃的过度负荷的损害。因这种反复损害造成的退行性变使跟腱变脆弱，小腿肌肉强烈收缩造成跟腱的离心过度负荷使跟腱断裂。通常跟腱断裂没有任何先兆，发生在跟腱血液供应最差的节段，位于跟骨附丽区近端2～6厘米处。除了田径中跑步和跳跃项目运动员，跟腱断裂还常见于快速转化防线和快速反应起跳的项目，如乒乓球、网球、羽毛球、足球、花样滑冰等。

（2）征象

在跟腱断裂时，运动员常常感觉有“咔嚓”声，并觉得有人在背后踢了自己要转身观察。跟腱断裂伴有剧烈的急性疼痛，运动员无法用脚尖行走，也不能迈大步行走。受伤一侧的踝关节跖屈力量明显下降，触诊能发现明显的断裂部位，摸到跟腱消失的区域。跟腱缺损部位最后会被血液和渗出液填充，皮肤将出现瘀斑。在进行汤普森试验（图2-45）时，应在患者小腿无负重状态下，检查者用手紧捏小腿三头肌，如果跟腱完全断裂，踝关节没有反应；如果跟腱部分断裂，踝关节会出现跖屈。

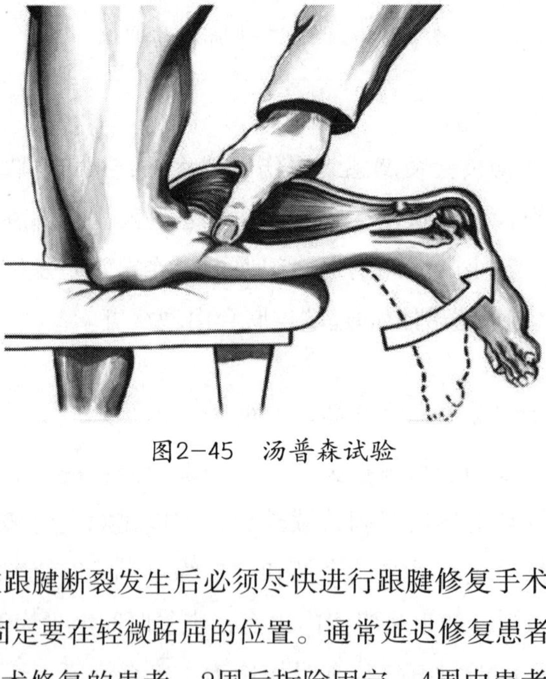

图2-45　汤普森试验

（3）处理

高水平运动员在跟腱断裂发生后必须尽快进行跟腱修复手术，术后使用矫形器或石膏固定2周，足的固定要在轻微跖屈的位置。通常延迟修复患者的力量和跳跃能力要低于在急性期进行手术修复的患者。2周后拆除固定；4周内患者可借助矫形器活动踝关节，允许自由跖屈，逐渐增加背屈程度；术后6周开始逐渐增加力量和柔韧性训练的强度。一般3个月后患者能恢复训练。保守治疗可能造成跟腱较长，跳跃能力下降，跟腱再度断裂的危险性为10%～30%，在跟腱不完全断裂时可以考虑使用。

（三）足部

1. 足底筋膜炎

（1）原因

足底筋膜炎是跖筋膜在跟骨附丽区的慢性疼痛性疾病（图2-46），是跖筋膜受到慢性牵拉而逐渐形成的，通常是由于腱膜细微断裂而造成的。弓形足、足过度旋前和在坚硬地面大量跑步是足底筋膜炎的最常见诱发因素。时间长的足底筋膜炎可引起足跟骨刺的形成。

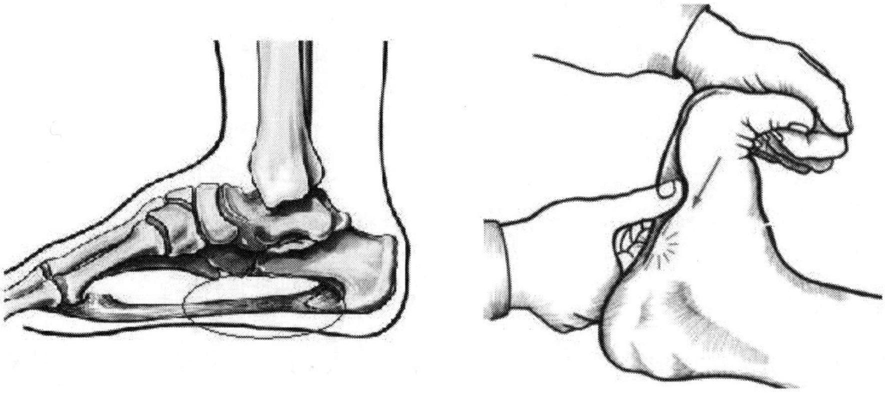

图2-46 足底筋膜炎疼痛区（左）和触诊（右）

（2）征象

患者在晨起时有明显的僵硬，在负重时疼痛会局限在跟骨下部。轻度患者只会在训练开始时或晨起迈出第一步时出现疼痛，严重的患者在迈步时都会疼痛。进行触诊检查（图2-46）时，将脚趾背屈，则跖筋膜紧张；在足底进行触诊，在跟骨上的跖筋膜附丽区有明显压痛。X光检查可能显示该部位有骨刺。

（3）处理

治疗时，需要限制负重一段时间，进行替代练习以维持身体机能，并使用非甾体抗炎药进行消炎。使用足跟垫有限制疼痛的作用，牵拉跖筋膜和小腿肌肉有治疗效果。可以尝试注射考的松进行局部封闭，如果没有效果不要重复尝试。使用夜间夹板牵拉跖筋膜1～2个月有良好的治疗效果。如果保守治疗没有满意的效果，可能需要手术剥离跖筋膜。

2. 跟骨脂肪垫损伤

（1）原因

足跟受到突然的大力撞击或反复撞击，如跳到坚硬的地面或在坚硬的地面跑步，都能造成跟骨脂肪垫损伤，引起出血和结缔组织间隔的破坏，使脂肪垫移向内侧或外侧，削弱脂肪垫吸收冲击力的特性（图2-47）。篮球、跳远和三级跳运动员容易发生跟骨脂肪垫损伤。

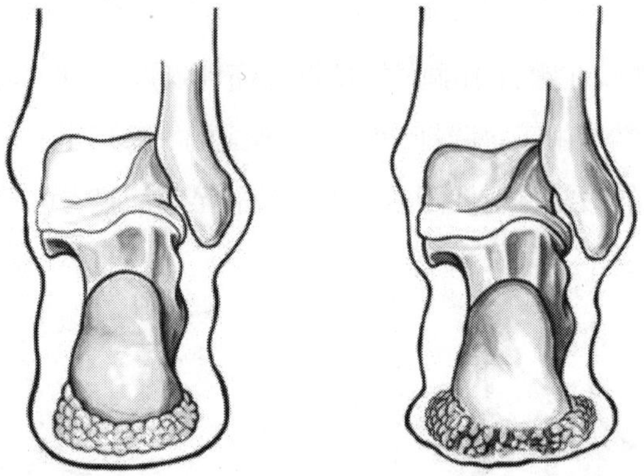

图2-47　正常的脂肪垫（左）和损伤的脂肪垫（右）

（2）征象

跟骨脂肪垫损伤的主要征象是负荷时疼痛，在受伤的足跟部位触诊能引发触痛；与健侧比较，能发现跟骨上的脂肪容量明显减少。

（3）处理

通常的治疗是减轻负荷，在急性损伤后2～3周内，患者需要借助拐杖减轻足跟的负重。采用缓冲性能良好的鞋垫、杯状的跟部护具或特殊的镂空鞋垫都能减轻足跟的负荷。

【本节小结】

大腿挫伤是最为常见的运动损伤之一，由于外力打击造成大腿肌肉内或肌肉间出血使得发生挫伤后肿胀、疼痛、活动受限明显，急性期采用PRICE原则治疗。腘绳肌拉伤是大腿另一种常见的运动损伤，腘绳肌拉伤重点在预防，需要加强腘绳肌的力量和大腿前后肌群力量的协调。

膝关节的常见运动损伤有内侧或外侧副韧带的撕裂、前十字韧带或后十字韧带的撕裂、半月板损伤和髌腱腱病。膝关节任何韧带的损伤都会对稳定性造成影响，不稳定和力量不足的膝关节会严重影响运动能力。内侧或外侧副韧带损伤、前十字韧带或后十字韧带损伤、半月板损伤常常需要手术治疗重建或切除损伤组织。髌腱腱病是膝关节常见的慢性损伤，由于反复起跳造成髌腱的退行性变，离心训练和护具对髌腱腱病有一定的帮助。

小腿常见的运动损伤是小腿三头肌拉伤和跟腱断裂。拉伤的原因很多，肌肉自身因素、训练因素、环境因素都能诱发小腿三头肌的拉伤，拉伤后积极的康复是必要的，减少肌肉内瘢痕组织的形成利于防止再度拉伤。跟腱断裂的主要原因是反复负荷，治疗以手术修复为主，调整训练量预防跟腱的退行性变是关键。

踝关节的运动损伤最为常见的是外侧韧带损伤，内侧的三角韧带损伤也偶有发生。过度内翻和外翻造成了内侧韧带和三角韧带的部分或完全撕裂。

足部的常见运动损伤有足底筋膜炎和跟骨脂肪垫损伤。

思考题

1. 大腿挫伤发生的原因是什么？有什么征象？如何处理？
2. 腘绳肌拉伤的原因是什么？有什么征象？如何处理？
3. 膝关节内侧和外侧副韧带损伤的原因是什么？有什么征象？如何处理？
4. 膝关节前十字韧带损伤的原因是什么？有什么征象？如何处理？
5. 膝关节半月板损伤的原因是什么？有什么征象？如何处理？
6. 髌腱腱病发生的原因是什么？有什么征象？如何处理？
7. 小腿三头肌拉伤的原因是什么？有什么征象？如何处理？
8. 跟腱断裂的原因是什么？有什么征象？如何处理？
9. 踝关节内侧和外侧韧带损伤的原因是什么？有什么征象？如何处理？
10. 足底筋膜炎发生的原因是什么？有什么征象？如何处理？

第五节　一些特殊的运动损伤

一、课堂教学

（一）耳

1. 耳的构造

耳是听觉器官的主要结构，其构造包括外耳、中耳和内耳3部分（图2-48）。外耳露于体表，而中耳和内耳埋藏在颞骨岩部内。

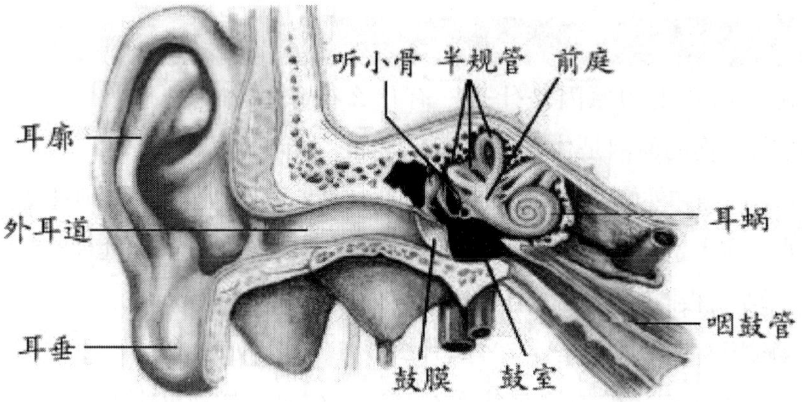

图2-48　耳的结构

外耳包括耳廓、外耳道和鼓膜3部分，有聚集声波和传递声音的作用。耳廓位于头的两侧，分前外和后内两面。前外面凹陷，靠前有一大孔为外耳门；后内面隆凸。耳廓通过外耳门与外耳道相接呈漏斗状，收集声波。耳廓大部分皮下有弹性软骨作支架，下方小部分仅含结缔组织和脂肪，为耳垂。耳廓的皮下组织少，血管位置表浅，因受压易致血肿，并易冻伤。外耳道是自外耳门到鼓膜间弯曲管道。鼓膜为半透明灰色的卵圆形薄膜，具有较强的韧性。中耳位于内耳与外耳之间，包括鼓室、咽鼓管和乳突小房3部分。声音通过鼓室内3块听小骨组成的听骨链间的相互配合将声波的振动传入内耳。声波的振动激起内耳前庭内外淋巴液的波动推动内淋巴液的流动，从而刺激螺旋器中的蜗神经感受器，刺激沿听觉传导通路至大脑听中枢，产生听觉。

2. 摔跤耳

摔跤耳是指耳廓遭受钝性暴力打击而引起的挫伤，因摔跤运动员多见而得名，也可见于篮球、冰球、足球、手球、水球、拳击、武术等项目的运动员。

（1）原因

耳廓被反复摩擦或打击（一次或反复），导致耳廓软骨与皮肤之间出血形成血肿；如未能及时处理或反复受伤感染，造成耳廓软骨炎，引起耳廓畸形，成为“菜花耳”（图2-49）。

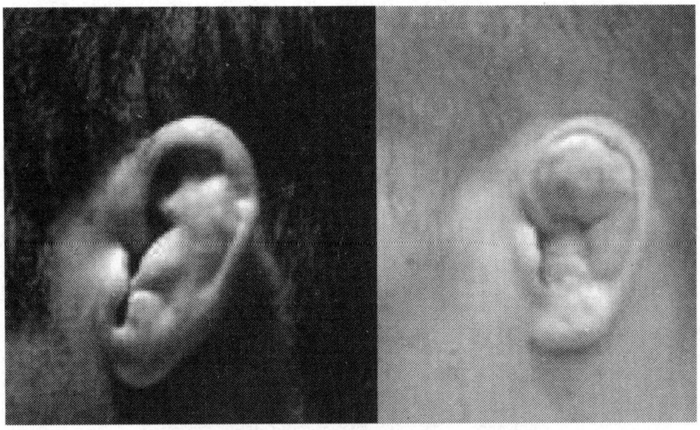

图2-49　“菜花耳”

（2）征象

耳廓遭受暴力打击时受伤，伤后耳部疼痛，局部压痛。数小时后，可见耳廓出现边界清晰的圆形肿块，是血或血清积聚在软骨两侧皮下形成的，凝块使软骨与周围组织分离，致使软骨失去正常营养而坏死。如果没有及时、合理的治疗，血肿机化形成瘢痕，并可由于瘢痕挛缩而变形，呈菜花样畸形。

（3）处理

在训练或比赛中，耳部因摩擦或打击出现红热时，应立即冷敷。如有血肿，应在无菌操作条件下穿刺抽出积血后予以压迫；大血肿可在麻醉后严格无菌操作下切开，清除血块，电凝止血以后用火棉胶浸湿的纱布或棉花压迫固定。使用火棉胶时必须在胶凝固前放置，24小时后更换，放的时间越长越好；也可使用石膏和硅橡胶凝膜，使用前必须先以耳塞将耳道堵住再放石膏。需要告知运动员，耳朵仍然有变形的可能性。已有菜花样畸形者，则只能矫形，效果多不满意。

（4）预防

在训练和比赛时，耳部涂凡士林软膏，以增加滑润。选择合适的头套或护耳是有效的预防方法。

3. 外伤性鼓膜破裂

（1）原因

外伤性鼓膜破裂多因空气或水压力突然剧烈震动冲击鼓膜所致。如在水球、篮球、拳击等项目中，耳廓突然被球击或拳击，跳水时耳部被水压冲击，均可使局部气压突然改变，而冲击鼓膜导致鼓膜破裂。此外，潜水队员因感冒耳咽管不通，潜水时也可发生鼓膜破裂。外伤性鼓膜破裂可以造成传导性听力损伤，其程度根据穿孔大小而决定。鼓膜穿孔常在鼓膜后1/4处听骨链附近。

（2）征象

有明确的受伤史。鼓膜损伤后，耳内突然发生剧烈疼痛，耳鸣或有重听，甚至出现眩晕、耳聋等，外耳道可有少许出血。用耳镜检查，能发现外耳道或鼓膜上有血痂或瘀斑，鼓膜上的裂缝、裂孔多不规则（图2-50）。

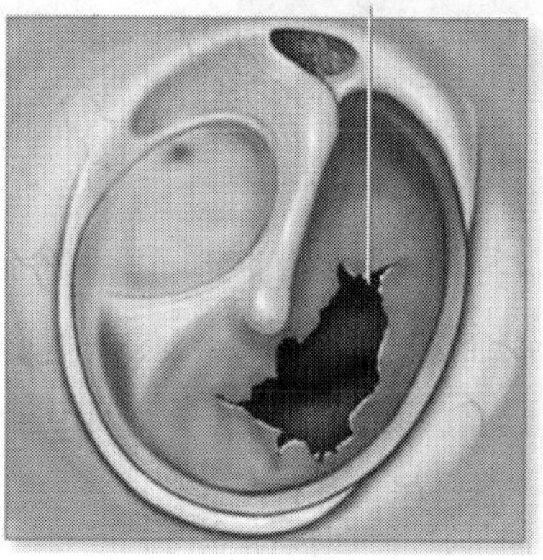

图2-50　破裂的鼓膜

（3）处理

用1‰新洁尔灭溶液涂擦外耳道，并用消毒棉球轻轻塞住耳孔。外耳道内禁止冲洗和滴药，以免引起中耳继发感染。小的鼓膜裂孔多能自行愈合。跳水、水球和潜水运动员在鼓膜破裂时，常因池水污染，须排除耳内积水，消毒后保持干燥，并应用抗生素防止感染。

4. 鼓膜积血

（1）原因

空气压力的改变，如拳击、飞行、潜水或其他原因，引起中耳腔内血管破裂，导致中耳积血。

（2）征象

有明确的受伤史。伤后耳内有饱胀感并且疼痛。由于中耳腔内液体阻碍鼓膜振动，而出现突然重听等传导性听力损伤症状。检查时可见鼓膜呈蓝色及鼓膜混浊。

（3）处理

鼓膜积血可采取保守治疗，内服消炎类药物，使口中及鼻腔黏膜消肿及减少充血，让中耳腔内的血液通过咽鼓管排出。若有耳痛，应做鼓膜穿刺切开，可有效地减轻疼痛。

（二）眼部

1. 眼的构造

眼是视觉器官，包括眼球和眼睑、结膜、泪器、眼肌等辅助结构。视觉器官的功能是视网膜接受光的刺激产生神经冲动，通过视神经传入大脑皮质视觉区而产生视觉，借以认识外界事物。

眼球在眼眶内，外形近似圆球，前后径约24毫米，前部稍凸，后部略扁，后部靠近鼻侧的部位有视神经和脑相连。眼球的壁由3层被膜（由外至里为纤维膜、血管膜、视网膜）构成。壁内包有透明的内容物（角膜、房水、晶状体、玻璃体），为折光装置（图2-51）。眼球的附属结构中，眼睑又称为眼皮，分为上睑、下睑，有保护眼球的作用。结膜为透明的黏膜，被覆在眼睑内面的称睑结膜，衬在眼球表面的称球结膜。泪器由泪小管、泪囊、鼻泪管等组成，其分泌泪液有湿润眼球，防止角膜干燥及清除灰尘和杀菌的作用。眼球外肌则为视觉的运动装置。

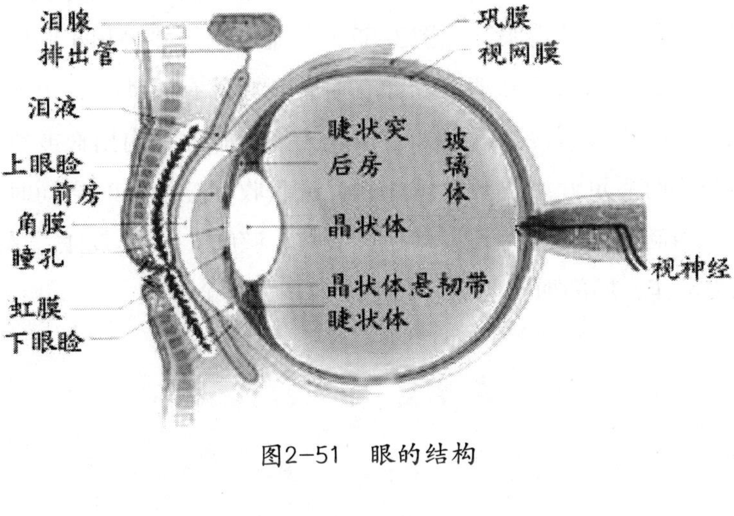

图2-51　眼的结构

由于人眼的解剖生理的特殊性，在体育运动中，运动本身，尤其是那些剧烈的对抗性运动项目，或由运动引发的意外，均有可能首先或同时累及眼部，其征象常因致伤物质、致伤方式和致伤力量的不同而各有不同。拳击、摔跤、球类运动、跳水等是运动及其意外中最容易导致眼外伤的项目。

2. 眼眶损伤

眼眶的边缘可以保护眼睛不受较大的物体撞击。但前部眼眶受到撞击时会使血液或血清流入眼睑和周围组织，迫使眼睑闭合。眼眶出血也可能造成眼球凸出，凸出程度从轻微到严重不等，有时出血会造成眼肌麻痹。在眼眶骨折时，眼球会发生内陷和位置下移（图2-52）。眼眶上下的神经可能会受到损伤，受伤神经支配的区域会产生麻痹的现象。当眼眶骨折发生时，要避免用力举重物和擤鼻涕。眼眶损伤一旦发生，需要进行X光检查是否发生骨折。如果发生骨折，需要进行手术。另外，明显的眼球下凹需要通过手术进行修补。

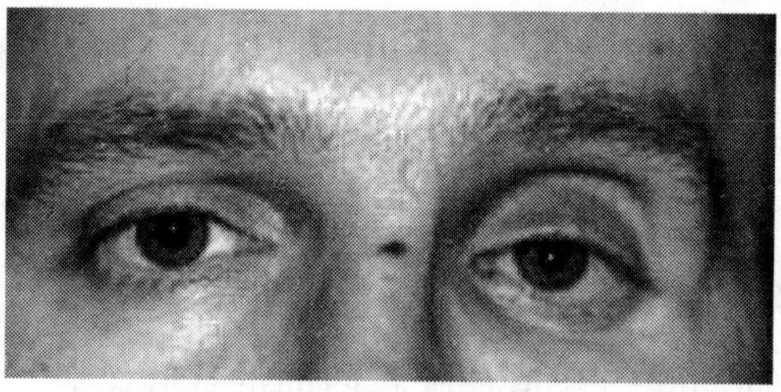

图2-52　左眼眼眶骨折，合并眼球内陷和下移

3. 眼睑挫伤

眼睑皮肤及皮下组织疏松，血管丰富，挫伤时常易发生明显肿胀及皮下出血，伤后产生眼睑瘀斑，俗称“乌鸡眼”（图2-53）。血液流注并瘀积于眼睑内时，初呈红色，后变褐变黄，2～3周后全部消退。如有血肿则局部有波动感，出血以后可吸收机化。受伤早期24小时内者可冷敷。但如有角膜损伤，眼球有内出血或有组织裂口时，则不应冷敷；48小时后可开始热敷及理疗以促进吸收。挫伤有时会同时损伤鼻腔或鼻窦，使气体漏出引起眼睑气肿，其特点是打喷嚏、咳嗽、擤鼻涕时，浮肿加重。一般应避免上述用力动作，局部加压包扎，3～7天内多可完全吸收。

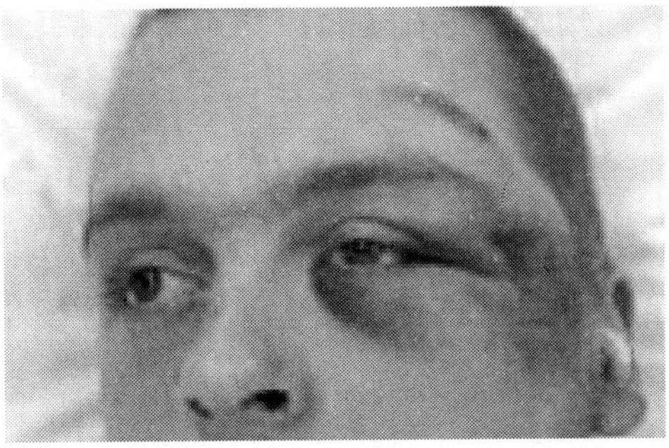

图2-53　左眼的眼睑挫伤

4. 结膜和角膜异物

（1）原因

最常见于户外的各种运动，如自行车赛、田径、铁人三项、棒垒球、网球等项目运动时，若遇到随风飞扬的尘埃、砂粒、小飞虫等均可导致结膜或角膜异物的发生。最常发生在结膜囊或附着于眼睑及球结膜上，有时嵌在角膜上。若取出不及时，常会导致结膜充血，也可继发感染。

（2）征象

异物进入眼内后，即出现不同程度的疼痛及流泪等刺激症状。疼痛严重者可有瞳孔缩小及眼睑挛缩。异物如埋在角膜组织中，疼痛较轻，但却常常因揉擦造成严重的角膜损伤。诊断时须仔细询问病史。有时因泪水将异物冲走，检查时不见异物，这时应仔细检查角膜和上睑板沟，以免漏诊。

（3）处理

异物落入眼内，不要尝试自行揉擦试行挑取。此时应闭眼片刻再做瞬目运动，让泪水冲走异物。如异物不去，可用生理盐水冲洗或用湿棉签拭去。角膜上的异物轻拭不去者，须到卫生所或医院，在表面麻醉下将异物清除。术后涂以抗生素眼膏以防止感染。

5. 视网膜损伤

（1）视网膜震荡

视网膜震荡是指由于震荡而引起的视网膜外伤性水肿。常因跳水冲击、球击、撞击等外力作用于眼部，并自角膜传至眼球后端所致。在受伤后数小时内，视网膜上常会形成一个分界不清的水肿区，多见于黄斑部。此伤有时没有症状，容易被忽略，如果继续训练会导致病情加重。患者主诉为视力骤降。此伤害的应对原则是：尽早发现，尽早治疗。在治疗期间要调整运动量，服用血管扩张剂。另外，维生素A、维生素

C、维生素K和皮质类固醇药物对治疗有益。

（2）视网膜剥离

视网膜剥离可见于眼部经常受到过大、过多压力的运动项目中，如拳击、跳水等，特别是有家族史的运动员。视网膜变性，如近视眼者尤其容易发生。玻璃体因外力不断动摇，其牵拉力足以使视网膜撕裂。这种情况往往发生在伤后几周或几个月，主要的症状是视力骤降。需要及时到医院请眼科医生处理。

（三）骨

疲劳性骨膜炎

（1）原因

疲劳性骨膜炎又称为应力性骨膜炎，是一种过度使用性损伤。在运动员和体育运动参加者中非常多见。损伤常见于胫骨、腓骨和跖骨，也可见于尺骨和桡骨。运动员动作不正确、训练水平不高、运动量突然加大或运动场地太硬，均可导致疲劳性骨膜炎的发生。由于剧烈活动时，肌肉附着部的骨膜长期受到牵扯，使该部骨膜组织松弛或分离，骨膜充血、瘀血和水肿，血管扩张，血细胞溢出至骨膜下，形成骨膜炎。青少年在发育阶段，骨承重时骨膜反应较成年人明显，因此发病数较多。疲劳性骨膜炎是骨的反应性炎症，在急性炎症阶段，如能调整运动量，减少局部负荷，并给予适当治疗，可使炎症消退、组织修复，进而使负荷能力提高；相反，则有可能使病情进一步发展，甚至产生疲劳性骨折。

（2）征象

该损伤常在运动后发生，多为局部钝痛或刺痛，有的在训练后可出现搏动样疼痛。腓骨骨膜炎疼痛多在离下端10厘米附近；胫骨骨膜炎的疼痛常位于中下1/3内侧缘及前骨面；跖骨骨膜炎常见于第二或第三跖骨部。局部多有凹陷性水肿，早期肿胀面积较大。压痛是骨膜炎的主要特征。在骨面上能摸到压痛点，有的较局限，有的较分散。其压痛部常可触及单或串珠样结节。胫骨和腓骨骨膜炎和跖骨骨膜炎患者常有后蹬痛；尺骨和桡骨骨膜炎患者有支撑痛。损伤早期可有局部皮肤发红，触之有灼热感；有的患者夜间灼热感更为明显。

（3）处理

早期或症状轻者，应适当减少局部运动量，调整训练课内容；伤肢局部以弹性绷带包扎。随着训练负荷能力提高，经3～4周后症状可自行消失。症状严重者，除减少局部负荷外，可先用冰敷，然后进行消炎处理并加压包扎；1周后，改用温水浸浴配合手法治疗。紫外线照射患处可以加速异位骨化。待症状缓解后逐步增加局部负荷，避免做单一的长时间的跳跃或支撑动作。经以上处理，局部症状无改善或加剧，应考虑有疲劳性骨折，需做X光检查确诊。

二、自学内容

（一）胼胝

胼胝（茧）是一种经常发生于足部和手部的慢性损伤，它是由于重复性的微小损伤引起的，在接触点会产生角质堆积的现象（图2–54）。胼胝做切开时常常会导致疼痛发生，在处理胼胝时不要选择切开的方式。胼胝的治疗方法是使用砂纸或其他工具将其磨平，或使用羊脂球软膏进行软化。胼胝常常在受到压迫时，会在胼胝中或胼胝下产生水疱。相对于胼胝而言，水疱的治疗要优先考虑。

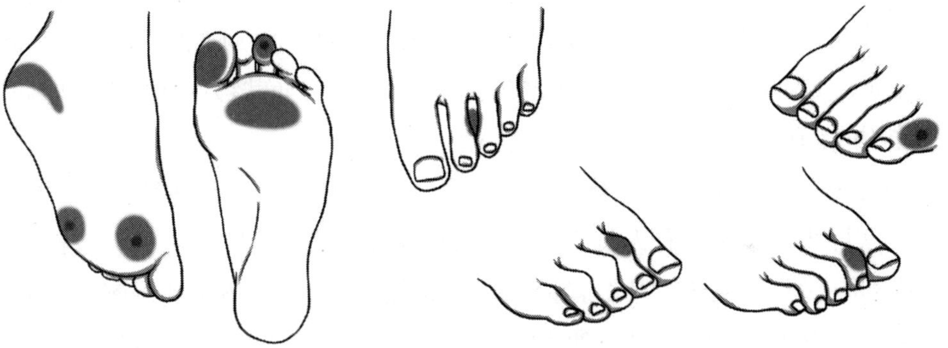

图2–54　足部的胼胝好发部位

（二）水疱

当摩擦集中在坚硬的皮肤上，比如足底和手掌时，很容易形成水疱。比较容易移动的皮肤是不容易产生水疱的。当穿着不太合适或新的鞋子时也可以导致水疱的产生（图2–55）。鞋子是导致足部产生水疱的重要原因，鞋子能提供摩擦的接触点，使皮肤变温和汗液蒸发困难，而完全干燥或是非常潮湿光滑的足部是不易摩擦产生水疱的。手指和手部常常由于抓握一些运动器械，如网球拍、杠铃等，由于摩擦性压力而导致水疱产生。

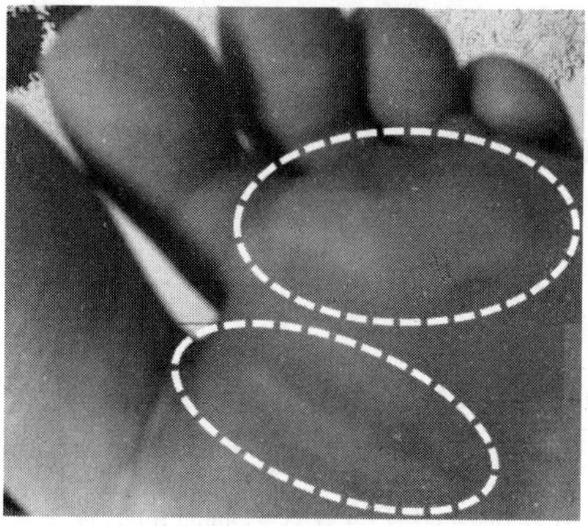

图2-55　足底的水疱

预防是处理水疱的最好方法，但不是随时能做到的。容易出汗的人可使用不含酒精的止汗喷雾，可使汗分泌减少，摩擦力自然降低，从而减少起水泡的概率。在足趾背上涂上适量凡士林软膏，或使用贴布把个别脚趾分开包扎，有助于减少脚部的摩擦力。另外，循序渐进地延长活动时间，可以让皮肤慢慢适应活动时产生的摩擦力，并有足够时间形成具有保护作用的胼胝，有助于预防水疱发生。

处理水疱，最重要的是降低疼痛、避免患处面积扩大及预防感染。处理方法要视水疱的实际大小、患处有无裂开而成开放性创伤来决定。除非患处已受到感染，如起水疱的部位发红、发热，甚至有脓状的液体流出、水疱在该患处一而再地出现、起水疱的情况非常严重等，大部分的水疱都可以自行处理。在足部的破裂水疱应更加小心，因为足部的水疱更容易发生感染。

如果水疱面积小并且未有裂开而成开放性创伤，一般无须特别护理都能自行痊愈。这时最重要的是不要弄破表皮，以防止患处受到感染，有需要时可贴上药水胶布遮盖水泡作为保护。较大的水疱可能令患处非常疼痛，往往要把积聚于患处的液体排出，以舒缓水泡所构成的压力。在对患处消毒后，将水疱内液体抽掉。如果没有条件，也可使用消毒的钢针在水疱的边缘位置刺一个小孔，轻轻把水泡内的液体挤出，用干净的纱布包好；注意休息，保持脚部患处的局部清洁干燥。如果条件允许，水疱在24小时内抽3次，即分别在2小时、6小时、12小时各抽1次，有利于水疱表皮层再度粘于水疱底部，但需要在水疱发生4天内进行上述的处理。局部使用抗生素软膏和水疱保护垫是有效的。开放性的水疱治疗需要保持患处清洁，应用抗生素和保护性敷料覆盖患处。如果水疱裂开的范围太大，有必要把分离的表皮小心除去。水疱常在4～5天内愈合。

（三）腹腔内损伤

腹腔内受伤在接触性运动中是不常见的，尽管运动员经常发生身体接触，但是产生的力量不足够大。腹部的撞击可能会产生疼痛性的挫伤或肌肉内血肿，但是内脏受到伤害的概率很低。

如果运动员被怀疑有内脏损伤发生时，应该尽快进行彻底的检查。最常受到钝器伤害的器官是肝脏和脾脏。由于肝脏和脾脏体积大、部分附着于腹壁、相对柔软，容易受外力撞击而撕裂。运动员可表现出局部的腹壁触痛、反弹性触痛，也会有休克、脉搏加快、血压下降等表征出现。肠损伤时可能会合并发生肠系膜撕裂和腹腔内出血，需要进行手术治疗。膀胱撕裂也会在运动中发生，发生撕裂后必须进行手术修补。在训练和比赛前排空膀胱中的液体是避免膀胱受伤的方法。一些内脏受伤不会合并太多的腹膜反应，所以在怀疑运动员有腹腔内损伤发生时，尽快到医院处理是稳妥的办法。

（四）生殖和泌尿道损伤

男性比较容易发生生殖器受伤，在运动中常常需要使用一些保护性的器具以避免生殖器受到伤害。参加有身体接触运动的运动员虽然很小心，但是偶尔会发生睾丸受到撞击而发生的损伤，可能会发生睾丸破裂。睾丸破裂时会有严重的疼痛，检查时能发现明显的肿胀，但是睾丸的破碎不太容易看得出来。一旦睾丸的损伤发生，需要对损伤区域进行15分钟冷敷。如果在冷敷后20分钟疼痛无法缓解、睾丸缩入腹腔或出现血尿、蛋白尿，需要立刻送医院处理。睾丸破裂时，需要进行开刀手术来修复破裂的被膜，术后需要穿上支持物以保护和促进愈合。受伤的睾丸仍然可以产生正常的性激素，只有在两侧睾丸都受到损伤时才可能导致不孕症。

男性尿道比较长，容易受到损伤。尿道损伤常常会导致严重的会阴疼痛和肿胀。如果运动员有严重的会阴部外伤和尿道口出血时，需要进行尿道的实验室检查来排除尿道受伤的可能性。

另外，男性运动员和普通男性一样，容易患阴囊积水和精索静脉曲张。这些问题需要在非训练和比赛期间进行治疗，常常需要进行手术，术后要做支持和固定。这类手术对运动员的运动能力影响很小。

一般来说，女性运动员的生殖器官发生损伤是很罕见的。偶尔会有阴阜血肿的发生，通常保守治疗可以处理，不过在血肿太大时可能需要抽取引流。女性的尿道很短，在运动中几乎不会受到伤害。

另外，如果女性运动员没有穿上保护性衣物就参加运动的话，容易造成刺激性触痛，可能会发生乳头流血的乳头损伤，这个问题在长跑运动员或慢跑的健身人群中常常发生。使用合身的胸罩和有软化润滑作用的软膏是预防乳头损伤的有效措施。

【本节小结】

摔跤耳是指耳廓遭受钝性暴力打击而引起的挫伤，因反复摩擦或打击所致，如未及时处理易产生耳廓畸形，形成“菜花耳”；外伤性鼓膜破裂多因空气或水压力突然剧烈震动冲击鼓膜所致，外伤性鼓膜破裂可以造成传导性听力损伤；鼓膜积血是由于空气压力的改变，如拳击、飞行、潜水或其他原因，引起中耳腔内血管破裂，导致中耳积血。

前部眼眶受到撞击时会使血液或血清流入眼睑和周围组织，迫使眼睑闭合。眼眶出血可能造成眼球凸出，有时会造成眼肌麻痹。眼眶骨折时眼球会发生内陷和位置下移，眼眶上下的神经可能会受到损伤；眼睑挫伤时常易发生明显肿胀及皮下出血，伤后产生眼睑瘀斑，俗称“乌鸡眼”；结膜或角膜异物常在运动遇到尘埃、砂粒、小飞虫等入眼时发生，最常发生在结膜囊或附着于眼睑及球结膜上，常导致结膜充血，可继发感染；视网膜震荡是指由于震荡而引起的视网膜外伤性水肿；视网膜剥离可见于眼部经常受到过大、过多压力的运动项目中，玻璃体因外力不断动摇，其牵拉力足以使视网膜撕裂。

胼胝是一种经常发生于足部和手部的慢性损伤，它是由于重复性的微小损伤而引起的，在接触点会产生角质堆积的现象。

当摩擦集中在坚硬的皮肤上，比如足底和手掌时，很容易形成水疱。处理水疱，最重要的是降低疼痛、避免患处面积扩大及预防感染。除非患处已受到感染，大部分的水疱都可以自行处理。

腹腔内受伤不常见，最常受到钝器伤害的器官是肝脏和脾脏，如果运动员被怀疑有内脏损伤发生时，应该要尽快进行彻底的检查。

男性比较容易发生生殖器受伤，需要使用一些保护性的器具以避免生殖器受到伤害。女性运动员的生殖器官发生损伤很罕见。

思考题

1. 摔跤耳是如何发生的？有什么征象？如何处理？
2. 外伤性鼓膜破裂发生的原因是什么？有什么征象？如何处理？
3. 鼓膜积血发生的原因是什么？有什么征象？如何处理？
4. 眼眶损伤会造成什么样的后果？
5. 眼睑挫伤如何处理？
6. 角膜和结膜异物发生的原因是什么？有什么征象？如何处理？
7. 疲劳性骨膜炎发生的原因是什么？有什么征象？如何处理？
8. 胼胝发生的原因是什么？如何处理？
9. 水疱发生的原因是什么？如何处理？

第三章　运动急救

【内容提要和学习指导】

本章介绍了教练员在运动急救中所应负有的责任和作用，以及急救现场应做的事项。以主要生命体征检查和损伤检查为重点，介绍如何进行运动急救前的损伤检查。从保证生命安全、控制大出血、避免加重全身性损伤可能情况出现、进行合理固定后搬运和处理小出血五个方面阐述了急救的基本过程。重点讲述呼吸和循环系统的急救。上述内容中有大量的操作技术的介绍。学习时应首先了解发生运动伤害后进行必要处理和急救的意识和责任，以运动急救的实际操作为核心内容，掌握如何进行损伤检查、如何进行基本的急救、如何进行呼吸停止急救和心跳停止急救。掌握上述实际操作的流程，牢记注意事项，对各项使用技术要反复练习和操作，做到熟练应用。

第一节　教练员的职责

一、课堂教学

（一）教练员的责任

研究表明，青少年运动员中运动损伤发生率是很高的。根据1986年到1989年的研究，在美国，估计每年有1.3亿起青少年运动损伤，这意味着每5位青少年运动员中有1人需要进行急救处理。从1979年到1992年对近60000名运动员的监测发现，损伤发生率是30.6%。在芬兰（总人口数490万）的研究结果是每年有90000人或是每100人中有1.84人发生损伤。在比利时的研究发现，一年中人口总数的1.2%到医生那里接受过运动损伤治疗。在荷兰，一年中到医院接受过运动损伤治疗的人数为总人口数的2.9%。如果将未到医院的人也算上，则损伤发生率会更高。在荷兰进行的一项对24141人的类似调查中发现，每年损伤的发生率为58%，而到医院接受治疗的仅占其中的50%。在英国一项对年龄在16～45岁人群的研究发现，在过去28天内参加体育活动的占45%，在他们当中19%发生过运动损伤。这些数据说明了问题的严重性，现在你可能正在想“等等，当我同意当教练的时候，没有人曾经说关于要处理任何损伤的事”，你可能是对的。他们所应该要告诉你的是，当你第一天在你的脖子上戴上那支哨子时，你就已经间接地同意为你的运动员的健康负有责任了。

身为教练或者体育老师，你常常是看见受伤情况的第一人。因为在附近通常没有懂医的人能够给你帮助，所以，你必须负责进行急救处理。你必须决定受伤的运动员是可以继续比赛，还是要送医院处理。当然，如果你有体能教练（Trainer）或队医，你应该征求他们的意见，但是，他们在每场训练或比赛时都在场是不可能的。运动员一般都会向教练征求意见。当然，运动员的父母、领队、教练组的其他成员也会希望教练来拿主意。你在这里成了理所当然的“现场急救员”。

从父母将他们的孩子送到你这里进行训练开始，你就对他们负有责任，当他们的孩子发生了损伤时，他们会向你询问孩子的受伤情况，比如：你认为我女儿的膝关节发生了什么问题？她还能继续比赛吗？她应该送医院吗？我儿子在踢橄榄球时要戴护膝吗？你会用什么样的绷带来防止我儿子的踝关节再次受伤？他什么时候可以恢复比赛？你回答“我不知道”是肯定不行的，你必须知道答案，或者至少是能够尽快地找到答案。

（二）训练和比赛中的运动急救计划

训练要有计划才能获得良好的训练效果，要想处理好急性损伤也要有合理的计划，因为，你是无法通过试验来学习如何准备处理损伤的。实际上，你在损伤发生后的最初几分钟所采取的措施是否合适非常重要。这时可能有出血、肿胀、呼吸困难及其他一些问题，如果你能够快速合理地处理损伤，就可以将损伤程度减少到最小，这同时也有利于运动员损伤的恢复。做好比赛和训练前的急救计划，仔细学习这一章的内容将有助于你做出合理的计划。做好急救由下面几个关键部分组成。

- 学习急救。
- 保存好运动员的相关健康记录。
- 检查比赛或训练器材和装备。
- 使运动员为比赛做好准备。
- 设计急救方案。

我们不希望发生运动损伤，让教练员和运动员都做好预防损伤的准备就可以减少损伤发生，而做好准备的前提是掌握相关的专业知识。

1. 学习急救

（1）最新急救方法的学习

因为会不断有新的处理手段推出，所以应该不断学习以保证自己不会落后，不可能通过一次急救学习就一劳永逸。可以肯定，将来采用的急救技术会比现在复杂，但是有效。所以要不断通过下面手段来保持跟上形势。

① 阅读相关急救书籍。

② 保持你的急救证书有效。

③ 参加运动医学和运动急救的学习班。

（2）学习掌握现场判断损伤情况的基本技能并明确自己的职责范围

通过学习和实践，学会在现场进行急救处理的基本方法和技巧，确保在现场进行合理的处置。虽然你可以不断地充实自己的相关急救知识，但是不要干涉队医的工作范围。除非你具备处理这种损伤的资格，否则不要草率地进行处理。有队医在场时，让他们去处理损伤，只在需要时去帮助他们。超出能力范围的行为所带来的伤害可能会给伤员带来不良后果。不负责任的行为所带来的伤害还可能导致法律纠纷。

2. 运动员的相关健康记录

运动员的健康档案包括3项内容：授权书、健康记录和紧急情况处理卡。

（1）授权书

对未成年儿童，未经其父母授权，你无权对他进行急救处理。在每个训练季节开始之前，你要获得其父母或监护人的授权书（图3-1）。要告知参加该运动的危险性，并且要求授权对儿童进行损伤处理。

授权书

我同意授权，允许你们在必要时对参加________________训练的________进行急救处理，有效期为从______～______。

另外，我同意学校对我的小孩发生的任何损伤或疾病在必要时有合格的医务人员进行必要的处理，该授权在我无法到达事发现场时生效。

日期__________父亲或监护人__________

地址________________________ 电话（ ）__________

既往病史（如过敏或慢性疾病）____

其他联系人：__________，与当事人的关系__________

电话号码（ ）__________

我和孩子都知道参加__________________具有一定的危险性，我知道参加这种项目的运动可能会出现下面这些危险，而且还不止这些危险，如跌倒、碰撞、天气影响、交通影响及其他可能的危险情况。所有这些危险的存在我和我的孩子都是知道的，并且获得了我的同意。我已经了解本协议涉及的内容并且同意我的孩子参加训练。

队员签名__________ 日期__________

父母签名__________ 日期__________

图3-1 授权书

（2）健康记录

了解你的队员有无健康问题非常重要，有些疾病是不能参加剧烈运动的，如某些糖尿病、哮喘、病理性心脏杂音、癫痫等。如果医生认为该队员可以参加训练，你要取得以下材料。

①该运动员病情记录。

②该运动员可能需要进行的医疗处理方案。

③该运动员不能参加哪些活动。

（3）紧急情况处理卡

在紧急情况下你要能够找到队员的父母或医生联系方式，这些资料要在紧急情况处理卡上详细记录下来，还要记录下队员所患有的疾病，从而有利于情况的紧急处理。外出训练或比赛时，这些记录卡要随身携带。

3. 检查器材和护具情况

虽然这些事情是场地工作人员的事，但是你也要随时留意，因为存在可能由于地滑、地面不平、护垫表面破损等这样或那样的小问题导致损伤的发生。要将这些隐患消除在发生问题之前。你还应该检查所要用到的器材，如球棒、球拍、球门柱、跳马和平衡木的表面、保护垫等，以及这些器材是否固定牢固。

需要准备一个急救箱，其中主要是一些急救用的器具，如夹板、胶布、护具、绷带等。不要准备任何口服药物，因为对于没有处方权的你来说给他人服用药物可能是违法的。

4. 运动员的训练前准备

要想让运动员准备好训练，你要进行下面的工作。

- 训练前体检。
- 训练前筛选。
- 适应性训练。
- 合理的准备活动和整理活动。
- 准备好护具、绷带和胶布。
- 纠正动作。

（1）训练前体检

训练前要由医生进行彻底检查。进行物理检查时要进行呼吸系统、循环系统、神经系统、运动系统、听力和视力的检查，还应该进行血液和尿液的检查，在该队员是否能够参加运动训练这一问题上，医生要充分考虑该队员过去和现在所存在的健康问题是否会影响其参加运动训练。所有队员要将体检表交给教练后才能参加训练，所有表格要注意保管好。有下列情况者，医生应该禁止或者限制他们参加运动。

①糖尿病。

②哮喘。

③心脏病。

④高血压。

⑤癫痫症。

⑥过去有过头部损伤。

⑦过去有过脊柱损伤。

⑧慢性骨关节病（如髌骨劳损，膝关节、踝关节、肩关节不稳）

（2）训练前筛选

虽然体检可以发现一些医学上出现的问题，但是它无法了解队员身体素质水平，所以需要进行训练前的筛选工作。这项工作应该由体能教练来进行，可以发现可能导致运动损伤的潜在问题，帮助他们在今后的训练中加以克服，要评定队员的下列情况。

①主要用力部位的肌肉力量情况。

②韧带和肌肉柔韧性。

③心血管机能水平。

④身体成分或体脂百分数。

（3）适应性训练

在正式开始训练之前应该有一个适应性训练的过程，这主要是要训练力量、耐力、柔韧性、爆发力和速度这些基本身体素质。要达到这个目的需要6～8周的时间，这也是使训练产生效果所需要的最少时间。提高力量需要每周进行3次，每次训练至少要进行3组以上6～8 RM重量的力量练习。进入青春期后的运动员要采用最大力量的70%以上的重量才能提高力量。对于青春期前的运动员，由于要避免受伤，因此一般不要进行负重力量训练，仅进行对抗自身重量的力量训练即可。改善心血管系统机能的训练应该每周进行3次，每次持续20分钟以上。每周还应该进行5次柔韧性练习。

（4）准备活动和整理活动

准备活动是训练或比赛的一部分，通过准备活动可以提高身体的机能，为将要进行的剧烈运动做好准备。准备活动至少要进行15分钟，并且包括下列内容：

一般性身体活动：低强度的慢跑或柔韧体操5～10分钟。强度以轻度升高心率和呼吸频率即可。它应该可以导致运动员轻微地出汗，改善心脏、肌肉和肺的机能，为剧烈运动做好准备，还可以预防损伤和改善运动能力。

伸展运动：完成一般活动后，运动员应该进行下列部位肌肉的伸展活动：肩关节、上肢、躯干（腹部和背部）、大腿、小腿。每处肌肉应该在准备活动中进行一次或多次持续15～30秒的牵拉。为了提高效果，每次持续时间应该大于10秒。

专项准备活动：根据项目特点进行有针对性的活动。

在每次训练或比赛后，运动员应该通过整理活动使身体慢慢地冷下来，即他们应该逐渐地降低运动强度，直到其呼吸和心跳恢复到运动前的水平。突然停止运动会导致出现晕厥等问题，并且会影响恢复过程。整理活动一定要包括伸展运动，因为运动后的肌肉温度很高，它们容易拉长并保持较长的时间。这就是为什么整理活动是提高运动员柔韧性的良好时机。每群肌肉牵拉持续时间2～3分钟，一般来说，肌肉需要每天被牵拉2～5分钟才能改善其柔韧性。牵拉可以一次完成，也可以分成数次进行。

（5）准备好护具、绷带和胶布

要求每位运动员在训练或比赛中使用合适的护具，特别是在橄榄球、冰球、曲棍球这类的项目中，作为教练应该熟悉并且知道怎样进行检查这些护具是否合格。一般常用的护具有眼镜、护齿、腰带、护腕、护膝、护腿等，在一些特殊情况下还可能要用到绷带或粘膏等作为特殊的保护支持带。如踝关节或膝关节韧带损伤的运动员可以通过粘膏支持带来达到稳定关节、减少再次发生损伤的目的。但是要记住，保护支持带只是一种被动的保护方法，运动员的肌肉力量、柔韧性、耐力和爆发力是预防损伤的关键。护具是第二位的，是一种补充而已。

（6）正确的技术动作

掌握正确的技术动作是预防损伤的一个重要方面，许多损伤的发生都与错误的技术动作有关。如网球肘、投掷骨折、疲劳性骨膜炎等。

5. 制定急救计划

预先制定好急救情况发生时应该进行的步骤会使你能够更好地处理紧急问题。进行急救时一般从下面三个方面进行。

- 检查——应该如何检查损伤。
- 联系——应该如何联系急救系统。
- 处理——应该进行什么急救处理。

（1）应该如何检查损伤

首先要制定好检查的顺序。如何安排顺序将在后面提到。

（2）应该如何联系急救人员

确定好联系人，他是你可以随时找到的，可以帮助你联系急救系统的人，如队长、体能教练或者队医。列出急救电话，并且随身携带。交一张急救号码卡（图3-2）

给将要帮助你进行联系的联系人。

急救号码卡	
急救单位	--------------------------------
医院名称	--------------------------------
医生名称	--------------------------------
警　　察	--------------------------------
消 防 队	--------------------------------

图3-2　急救号码卡

（3）应该进行什么急救处理

有医务人员在场时，让他们进行处理，你只需提供必要的帮助。如果没有医务人员在场，你就要亲自进行处理。处理步骤如下。

①检查运动员的意识清醒程度。

②派人去联系急救人员和通知伤员的父母。

③必要时派人去接急救人员，并把他们带到现场。

④检查损伤情况。

⑤进行急救处理。

⑥帮助急救人员将伤者转送到医院。

⑦在父母不在时指定陪同伤员去医院的人员（这个人必须要镇静、负责并且熟悉伤员，最好有助理教练或父母陪同去）。

⑧在记忆清楚的情况下完成损伤记录报告。

二、自学内容

（一）合法的授权

教练员如果没有取得授权而对运动员进行急救措施可能会面临法律问题。举例：一名体操运动员从平衡木上摔了下来。由于她当时是面向下躺在地上并且昏了过去，这时她的教练过来将她翻了过来，以便检查她是否还有呼吸。但是该运动员发生的是脊柱骨折，这一翻身导致了下肢瘫痪。而该教练被运动员的父母告上法庭，理由是他没有采取适当的急救处理措施。运动有导致损伤的危险，而且有时是非常严重的损伤。但是如果这位教练经过了适当的培训或学习并且知道如何进行脊柱损伤的处理，那么该运动员的背部损伤可能不会导致脊髓损伤，这个教练也就不会被控失职了。当然不要让上面的例子干扰你学习运动急救并利用它来帮助你的运动员的信心。

对未成年儿童，需要经过其父母的授权，教练才有权力进行急救处理。在每个训练季节开始之前，你要获得其父母或监护人的授权书。在授权书中，教练需要告知父母或监护人参加该项运动的风险和潜在危险，并要求授权对他们的孩子进行损伤处理。

（二）教练在损伤防治中的作用

（1）通过采用合理的训练手段、安全有效地教导方式及严密的监督来预防损伤的发生。

（2）防止有伤者的损伤进一步加重。

（3）保证有伤者受到合理的医疗处理。

（4）教给运动员相关的损伤知识。

（5）作为急救人员与损伤运动员之间交流的纽带。

（6）在医生不在时为运动员提供急救处理。

（三）急救时教练的工作

1. 急救人员到场后教练的工作

①控制现场情况，防止混乱。

②帮助移动伤员。

③ 叙述损伤发生的情况。

2. 急救人员无法及时赶到时教练的职责

①保护运动员不会受到进一步的损害。

②需要时，让人去找急救人员。

③ 检查损伤情况。

④组织急救。

⑤记录损伤发生情况。

【本节小结】

教练或体育老师应该有对运动员发生运动伤害后进行必要处理和急救的意识和责任。从父母将他们的孩子送到你这里进行训练开始，你就对他们的父母负有责任。

处理好急性损伤要有合理的计划，在损伤后的最初几分钟所采取的措施是否合适非常重要。做好急救由下面几个关键部分组成：（1）学习急救；（2）保存好运动员的相关健康记录；（3）检查比赛或训练器材和装备；（4）使运动员为比赛做好准备；（5）设计急救方案。

教练员和运动员都做好预防损伤的准备就可以减少损伤的发生。教练在损伤防治中的作用包括：（1）通过采用合理的训练手段、安全有效地教导方式及严密的监督来预防损伤的发生；（2）防止有伤者的损伤进一步加重；（3）保证有伤者受到合理的医疗处理；（4）教给运动员相关的损伤知识；（5）作为急救人员与损伤运动员之间交流的纽带；（6）在医生不在时为运动员提供急救处理。

对未成年儿童，需要经过其父母的授权，教练才有权力进行急救处理。因此要获得其父母或监护人的授权书。

急救人员到场后教练的工作是：（1）控制现场情况，防止混乱；（2）帮助移动伤员；（3）叙述损伤发生的情况。

急救人员无法及时赶到时教练的职责是：（1）保护运动员不会受到进一步的损害；（2）需要时，让人去找急救人员；（3）检查损伤情况；（4）组织急救；（5）记录损伤发生情况。

思考题

1. 教练在损伤防治工作中的职责包括哪些内容？
2. 急救计划包括哪几方面？
3. 教练在现场处理损伤的步骤有哪些？
4. 教练在急救人员到来前应该进行哪些工作？
5. 教练在急救人员无法及时赶到时应该进行哪些工作？

第二节　现场损伤急救检查

一、课堂教学

（一）概述

对于运动损伤，不可以过高估计严重程度，也不可以忽视可能带来的严重后果。了解如何诊断损伤，可能更有助于大家学会如何防止损伤的进一步加重。

今天是正常训练的日子，一名运动员在练习撑杆跳高。你突然听到物体重重摔在地上的声音，扭头看时发现运动员已经俯卧在插穴位置上不能动弹。这时现场只有你一名教练，其他队员也在看着你，你会怎么办？在你冲进场地后进行处理之前，你应该已经想好了应该干些什么。在你进行损伤检查之前主要需要考虑的是检查运动员3个方面。

- 安全情况。
- 身体姿势。
- 受伤情况。

1. 安全情况

当运动员摔倒后，你首先要考虑的是保护他不要受到进一步的损害。所以首先你要让所有其他的运动员和旁观者后退并离开现场，不正确的移动伤员可能会加重损伤。然后安慰伤员，让他保持安静，在你检查完之前不要让他移动。有些运动员受伤以后来回滚动或来回乱跳，这种动作可能会加重损伤。

2. 身体姿势

让医务人员来搬动伤员，如果只能由你来进行的话，你必须在掌握了正确的搬运技术以后才能进行处理，否则有可能加重损伤。遇到戴有护具的队员受伤时，是否应该除掉护具呢？如果除掉护具有可能加重损伤就不要脱掉护具，这不仅危险而且会浪费宝贵的时间。只有护具妨碍检查受伤者的呼吸情况或急救时，要剪开而不是脱掉护具。例如：冰球运动员的头盔，如果妨碍呼吸或急救，要剪开头盔。

3. 受伤情况

在考虑了运动员的安全性、身体姿势和护具后，你就可以进行检查了。进行检查时要按照下列步骤来进行：

（1）保持镇定

运动员由于疼痛会处于慌乱状态，你的激动只会加重他的慌乱，为你的检查带来困难。损伤后的30分钟内，局部的肿胀较轻、肌肉痉挛较轻、疼痛感觉还没有变得很敏感，是检查损伤的最好时机。

（2）回忆他过去存在的健康问题

该运动员是否患有哮喘、心脏病、糖尿病或癫痫？他过去发生过同样的损伤吗？这些情况可以提供伤员可能发生的问题的线索，为处理提供依据。

（3）回忆损伤发生的机理或动作

身体有无受到直接撞击？关节或身体有无扭转？这有助于你考虑损伤的种类。

（4）是否清醒

呼喊伤者的名字来检查是否清醒。如果没有反应，掐虎口部位，看有无反应，如果仍然没有反应，让人去叫急救人员。

（5）主要生命体征检查和损伤检查

（二）主要生命体征检查

1. 主要过程

（1）检查意识

遇到伤员后首先要检查其意识是否清醒。检查时应该晃动伤员的肩部，并大声问他“你怎么样了？能听见我说话吗？”（图3-3）。

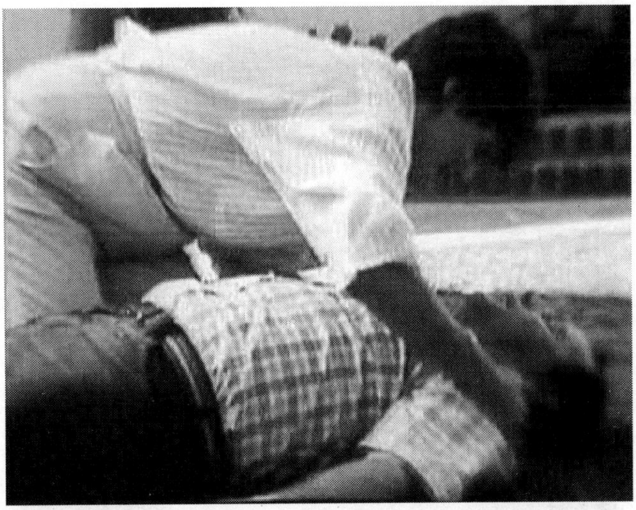

图3-3　检查意识

检查完伤员的意识，如果认为伤情严重，派人去叫急救人员。一定要说清楚损伤发生的地点和大概情况，要等到对方挂断电话后你才能挂。

（2）调整体位

将伤员调整到合适的体位，除非是有必要的，否则不要移动伤员。移动伤员时要考虑其是否可能会有脊柱或者颈部损伤。

（3）主要生命体征检查

观察其呼吸和心跳情况。检查包括ABC 3个方面。

- A——Airway，检查气道是否通畅。
- B——Breathing，检查呼吸。
- C——Circulation，检查循环。

2. 清醒伤员的ABC检查

伤员清醒并不等于他气道通畅、呼吸正常和脉搏正常。要仔细检查ABC的每一项。

（1）气道是否畅通

通过倾听有无喘息声或窒息的声音、有无捂住喉部的动作和问他能否说话来判断其气道通畅情况，如果他能够回答，说明气道是通畅的。如果你问他“是否噎着了”时，他不能回答，或者只能点头或只是用手捂住颈部，你就要进行急救了。这时可以采用海姆利希氏手法进行处理。处理方法见第四节相关内容。

（2）呼吸检查

将你的面部贴近伤员的口鼻处，感觉是否有呼吸（图3-4）。如果运动员呼吸困难，但是可以与你交谈，他可能是“岔气”导致呼吸困难。

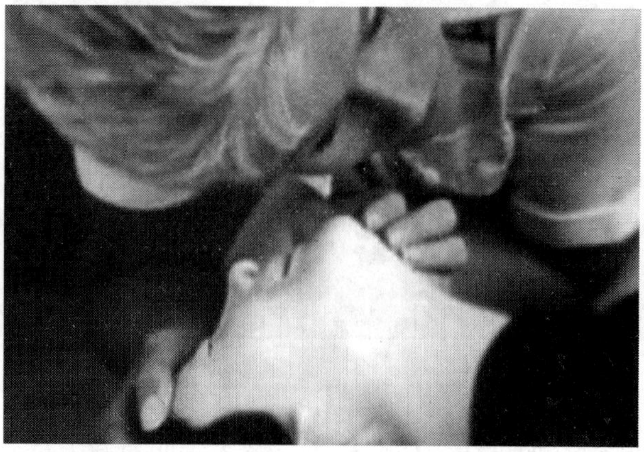

图3-4　检查呼吸

（3）循环检查

在腕部或颈部检查脉搏情况，虽然在颈部比腕部容易找到脉搏，但是要注意不能过度用力，这会导致脑部血流供应减少。检查时要注意速率、节律和搏动的力量（图3-5）。运动后的脉搏速率会快于安静状态，如果伤员的呼吸和心跳都正常，你就可以进行损伤情况检查。

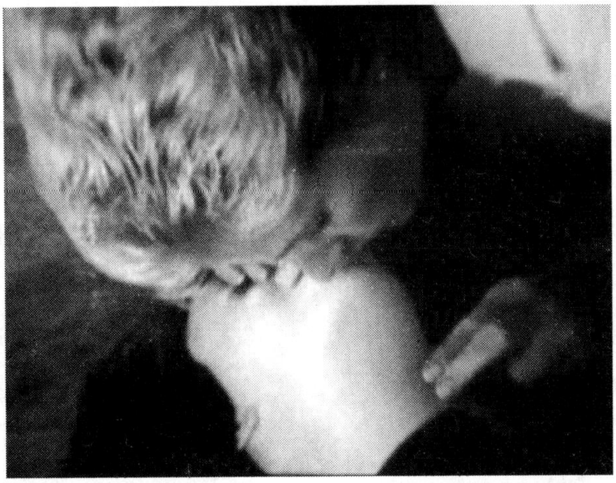
图3-5　检查脉搏的位置

3. 意识丧失运动员的ABC

一名摔跤运动员在比赛中，被重重地摔在垫子上，他突然浑身变得软绵绵的。裁判立即停止了比赛，教练呼喊队员的名字、晃动他的肩膀可是他没有反应，教练想要检查他的呼吸情况，可他是面向下躺着的。这时教练应该怎样处理？

（1）检查气道

当你要检查气道时，伤员的体位是要考虑的问题，你要能够清楚地看到他的呼吸运动或感到他的呼吸才能进行气道检查。如果伤员处于仰卧位，如图3-4那样将你的耳朵或面部贴在他的鼻子或嘴部，然后进行下列检查。

①观察伤员的呼吸动作，注意胸部有无起伏和呼吸的深度。

②听一听伤员有无从鼻或口部发出的呼吸声音、有无不正常的呼吸声音，如喘息声、呼吸困难的情况。

③用你的面部感觉有无空气从伤员鼻或口进出。

如果伤员处于俯卧位，你要更加小心。可以采用下面3种检查呼吸的方法。

④将手放在伤员的嘴部，感觉有无呼吸，同时观察胸部有无呼吸运动；

⑤将一镜子放在伤员的鼻子或嘴前，如果有呼吸会出现雾气。

⑥移动伤员。如果无法采用上述方法检查，只能移动伤员。这时要假设伤员有脊柱或颈椎损伤，要将头部固定好，才能进行搬动。

（2）打开气道

如果不能看到、听到或感觉到伤员的呼吸，要想办法打开气道。有以下两种常用的方法：

①抬头法，在确定没有脊柱损伤的情况下采用（图3-6）：将手指尖放在伤员下颌下部位，不要压在下巴峡柔软的地方（图3-7），轻轻向前抬起下颌，并将头部后仰。另外一手放在前额部固定头部。

②抬下颌法，用于意识丧失又怀疑有直接撞击或扭伤导致脊柱损伤时（图3-6）：不要上抬头部，将手指尖放在伤员下颌下，慢慢地向上抬起下颌。然后看、听和感觉伤员是否有呼吸。如果没有呼吸，放下下颌，然后再试一次向上抬起下颌。如果仍然无效，试着非常小心地轻轻后仰一点伤员头部，这可能就可以使气道打开。

图3-6　打开气道：无颈椎受伤（左）和怀疑颈椎受伤（右）

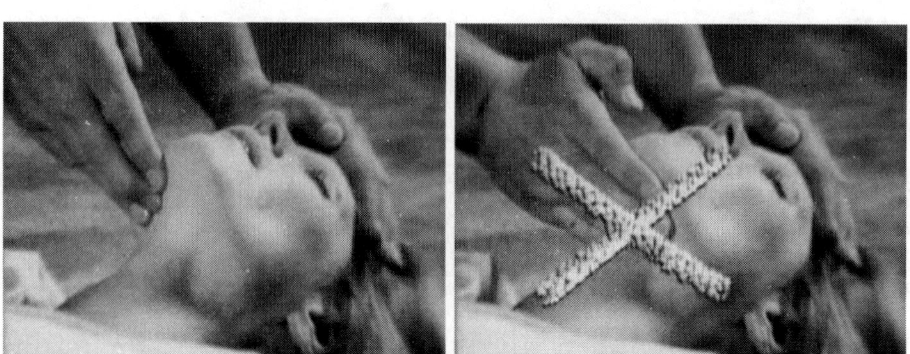

图3-7　打开气道时手的正确位置（左）和错误位置（右）

（3）检查心率

在完成呼吸情况检查后，要快速利用最短的时间来检查是否还有脉搏，根据呼吸和心跳的情况决定是否需要进行人工呼吸和胸外挤压。常用的检查部位和方法见第四节相关内容。

二、自学内容

损伤情况检查

如果运动员的意识正常，心跳和呼吸也正常，就可以进行损伤情况检查。在进行损伤情况检查时，你需要检查损伤的部位和严重程度。与进行主要生命体征检查一样，应该按照标准程序进行检查以保证检查的彻底性。损伤检查的标准程序为HIT，即病史（History）、检查（Inspection）、触诊（Touch）（图3-8）。

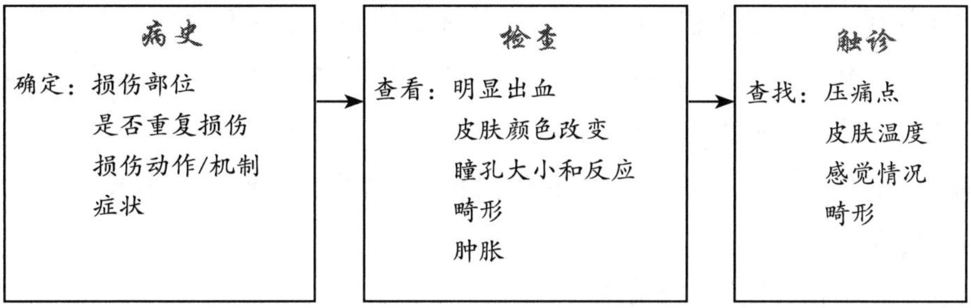

图3-8　损伤检查流程

1. 病史

如果运动员发生了损伤，你需要了解损伤过程，目的在于确定损伤的部位、损伤动作、症状和过去损伤情况。采集损伤情况时你应该进行一下工作。

①回忆你所看到和听到的。

②与伤员进行交谈。

③与其他运动员交谈。

如果伤员昏迷了，你就要依靠你和其他运动员所看到和听到的情况了。如果你没有看到损伤的发生过程，你需要从伤员和其他队员那里获得损伤情况时，你应该问以下问题：

①损伤时是否与其他运动员、器具或地面发生了直接撞击。

②损伤是否是由于扭转或急停引起的。

③损伤时是否有什么特殊的声响。

④伤到了哪里。

⑤损伤发生时运动员有什么不正常的感觉？有无疼痛、麻木、窜麻、无力、摩擦音或弹响。

⑥伤者过去是否发生过同样损伤。

2. 检查

当了解了发生什么损伤，以及它是如何发生的情况后，你需要检查伤员的主要体征，包括畸形、肿胀、皮肤颜色改变、意识及其他情况。如果伤员意识丧失，应从头部开始向躯干进行损伤情况检查。对清醒的伤员检查损伤部位即可。主要观察下面情况。

①出血：失血的速度如何？颜色是否鲜红？

②皮肤外观：皮肤是否苍白或潮红？干燥还是湿润？是否发绀或灰暗？

③瞳孔：比较双侧瞳孔有无扩大、缩小或不对称现象？如果两侧瞳孔不对称或者对光反射消失，提示可能伤员有颅脑损伤。

④畸形：肢体有无任何不正常的凹陷、隆起或弯曲？如果在肢体出现畸形要与对侧进行对比检查。

⑤肿胀：在损伤处周围有无明显肿胀？

⑥局部皮肤颜色改变：有无瘀血或其他颜色改变？

3. 触诊

表面情况往往并不能完全反映损伤情况，有时体表没有见到明显异常，但是内脏器官发生了严重损伤。所以，为了更好地掌握损伤情况，应该进行必要的触诊检查。应该检查下列内容。

①压痛点：有无明显压痛点？

②皮肤温度：用你的手背接触皮肤，是热的还是凉的？

③感觉情况：局部有无麻木情况？

④畸形：有无看不到的肿块或凹陷？

【本节小结】

对于运动损伤，不可以过高估计严重程度，也不可以忽视可能带来的严重后果。了解如何诊断损伤可能更有助于防止损伤的进一步加重。在进行损伤检查之前需要考虑的是检查运动员3个方面：①安全情况；②身体姿势；③受伤情况。

考虑了运动员的安全性、身体姿势和护具后可以进行检查。进行检查时按步骤来进行：①保持镇定；②回忆他过去存在的健康问题；③回忆损伤发生的机理或动作；④是否清醒；⑤主要生命体征检查和损伤检查。

主要生命体征检查的主要过程包括：①检查意识；②调整体位；③主要生命体征检查：观察其呼吸和心跳情况。检查包括ABC三个方面：A——检查气道是否通畅；B——检查呼吸；C——检查循环。

如果运动员的意识正常、心跳和呼吸也正常，可以进行损伤情况检查。在进行损伤情况检查时，需要检查损伤的部位和严重程度。按照标准程序进行检查以保证检查的彻底性，检查程序为病史（History）、检查（Inspection）、触诊（Touch）。

思考题

1. 现场急救首先需要注意哪些方面的问题？
2. 急救ABC包括哪些内容？
3. 检查清醒和意识丧失伤员生命体征有哪些不同？
4. 打开气道的两种方法有何不同？
5. 现场损伤检查包括哪些内容？

第三节　运动急救基础

一、课堂教学

（一）急救中要注意的问题

要想成为合格的急救者，教练员需要对相关的损伤知识有比较全面的了解。虽然教练员在工作中可能只遇到过一些轻微损伤，如小的切伤、挫伤、拉伤等，但还是需要为可能会出现的严重损伤的处理做好准备。

在处理损伤之前，教练员首先要从伤员那里获得尽可能多的相关损伤信息，即应用损伤情况检查流程进行检查，按照此流程进行可以减少遗漏信息的机会。

在采集病史时，教练员要尽量了解伤员的症状和不适，症状可以反映伤员的感觉。如果伤员说“我觉得有摩擦感”或“我的膝关节很疼”，这些都是可以反映损伤情况的材料。教练员要注意观察，寻找特殊体征。常见的体征有肿胀、皮肤颜色改变和肢体畸形。寻找一切有助于教练员判断和决定应该如何进行急救的体征。

预先计划好急救处理次序很重要。常用的急救顺序如下。

- 保证生命安全。
- 控制大出血。
- 避免加重全身性损伤的可能情况出现（如脊柱损伤、失血、休克）。
- 减少加重局部损伤的可能（如骨折、软组织损伤）。
- 处理小出血。

具体实施如下：

1. 保证生命安全

维持气道通畅（A）、正常呼吸（B）和正常血液循环（C）是保证生命安全的首要任务。如果你发现伤员有任何一项这方面的问题时，要立即让人去通知急救人员，并开始进行维持生命活动过程的处理——人工呼吸和胸外挤压。在现场处理损伤时不要忘了经常检查上述的ABC情况。对于重伤者更要不断监控他们的生命体征，即使在开始时伤员的ABC是正常的也不能掉以轻心。

2. 控制大出血

完成ABC检查后，要检查有无大出血。如有大出血，在进行心肺复苏的同时，要处理大出血。如果有人帮你，在你进行主要生命体征检查处理时，告诉他应该如何进行止血。例如：通过按压表浅动脉进行止血、通过压迫伤口进行止血。

（1）当组织被切伤、刺伤、撕裂、挫伤或擦伤时都可能会出现外出血。根据损伤的血管类型可以分为以下3类。

①动脉损伤的出血特征：失血快、血色鲜红、涌出状。

原因：深的刺伤、切伤或动脉裂伤。

②静脉损伤的出血特征：失血快、血色暗红、连续流出。

原因：深的刺伤、切伤或静脉裂伤。

③毛细血管损伤的出血特征：失血慢、血色较暗、渗出方式。

对于开放性损伤，由于有传染疾病的可能，所以在进行急救处理时要注意保护自己，即在处理伤口时要尽可能避免直接接触血液，可以戴橡胶手套或塑料袋。

（2）任何的动脉或无法控制的静脉出血都会危及生命。如果伤员发生严重出血，应立即采用下列步骤进行处理。

①寻求急救人员的帮助。

②用消毒纱布覆盖伤口。

③用你的手直接按在伤口的纱布上，用力要达到一定程度（图3-9）或者在动脉上方进行压迫（图3-10）；对鼻子出血可以采用冷敷额头或者纱布鼻腔填充的方法进行止血。

④抬高伤肢

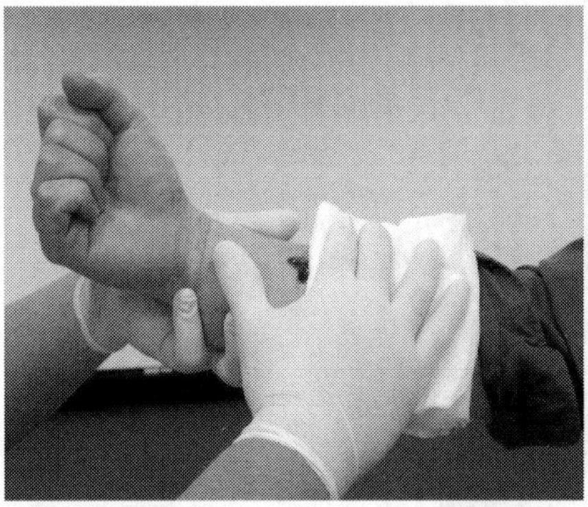

图3-9　直接按压止血

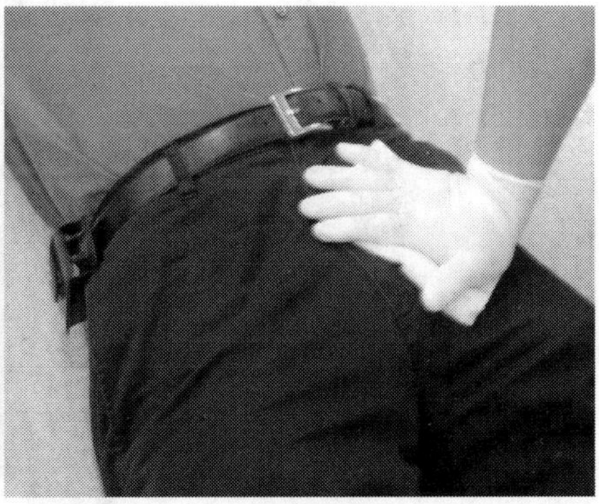

图3-10　按压股动脉止血

经过前4个步骤后，出血应该停止。如果没有停止可以试着通过按压供血动脉来减少出血（图3-11）。

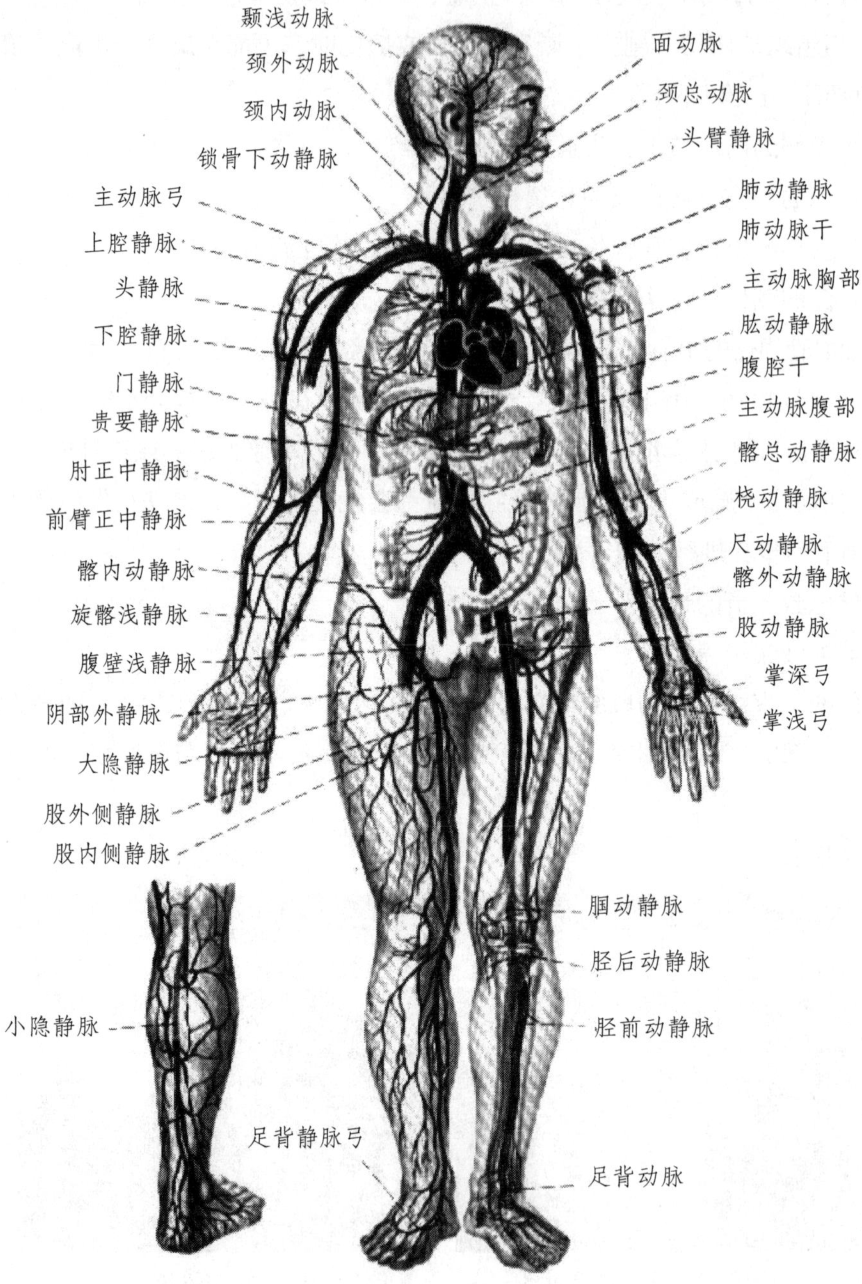
颞浅动脉
颈外动脉
颈内动脉
锁骨下动静脉
主动脉弓
上腔静脉
头静脉
下腔静脉
门静脉
贵要静脉
肘正中静脉
前臂正中静脉
髂内动静脉
旋髂浅静脉
腹壁浅静脉
阴部外静脉
大隐静脉
股外侧静脉
股内侧静脉
小隐静脉
足背静脉弓
面动脉
颈总动脉
头臂静脉
肺动静脉
肺动脉干
主动脉胸部
肱动静脉
腹腔干
主动脉腹部
髂总动静脉
桡动静脉
尺动静脉
髂外动静脉
股动静脉
掌深弓
掌浅弓
腘动静脉
胫后动静脉
胫前动静脉
足背动脉

图3-11　人体血管分布

3. 注意避免血源性传染

要注意避免通过血液传染的疾病，如艾滋病、乙型肝炎等，在进行急救时传染自己。你应该对这类疾病有所了解，知道哪些疾病是可以通过血液传染的。在美国，有些项目甚至要求出血的运动员要更换掉有血的服装后才能继续比赛。

（1）在处理受伤运动员时要注意下列物品的接触问题。

①有出血的伤口或染血的衣物。

②护齿。

③体液。

④沾血的绷带。

（2）如果要接触上述物品，要注意按照以下方法进行处理。

①戴上外科手套。

②脱掉手套后立即洗手。

③立即清洗接触到血液或体液的皮肤。

④将用过的手套或绷带放入专门的废品袋内。

⑤进行心肺复苏时要尽量避免直接接触伤员的皮肤。

⑥包好被污染的桌布或衣物，用热水和洗衣粉进行清洗。

4. 避免加重全身性损伤的可能情况出现

进行合理固定后再搬运伤员，如果怀疑伤员有头部或脊柱损伤时，要固定好伤员的头部或脊柱后才能移动，要注意减少可能加重损伤的搬运；有明显失血、休克情况时要首先处理。

5. 减少加重局部损伤的可能

注意根据损伤情况进行正确的搬运。对怀疑有骨折和关节脱位者，最好进行临时固定后再进行搬运。

6. 处理小出血

同样要注意避免血源性传染。

（二）休克的处理

1. 概述

当机体受伤时，机体为了保证重要生命器官的功能会收缩肢体和皮肤的血管，减少血液和氧的供应。如果这种状况持续时间过长就会导致缺血和缺氧，这就是休克。如果不进行及时处理，休克可以引起广泛的不可逆的组织损坏，甚至死亡。

不管损伤严重与否，要注意有无休克症状的发生，因为休克可以由一个小的问题而引起。如果受伤的运动员有下列情况，就可能存在休克的危险：

①对疼痛敏感。

②感到疲劳。

③脱水。

④暴露在高温或低温下。

2. 病史、症状和体征

（1）病史

伤员往往有一个严重创伤发生，或者由于过敏、心脏病发作而引起。

（2）症状

典型的症状包括头晕、恶心、无力、口渴、烦躁等，甚至出现意识丧失。

（3）体征

脉搏快而弱、出汗、呼吸浅而快、瞳孔扩大、发抖或寒颤、皮肤苍白、嘴唇和指尖发紫。

3. 急救

对于发生休克的运动员的急救应按照以下的步骤进行。

①让人去找急救人员来帮忙。

②让运动员平卧：对有正常脉搏或呼吸、没有头部或脊柱损伤可能的、意识正常的运动员可以采用仰卧位，并将下肢抬高（图3-12）；对有正常脉搏或呼吸、没有头部或脊柱损伤可能的、意识丧失的运动员可以采用侧卧位，以便液体从嘴里流出（图3-13）；对可能有头部或脊柱损伤的运动员应该采用仰卧位躺在平坦的地面上（进一步处理的细节在“如何移动受伤的运动员”中介绍）。

③保持体温，不要让伤员受凉或者过热，不要给身体过热的伤员加盖衣物，但是要给体温过低的伤员盖好保暖的衣物。

④进行止血和处理其他损伤。

⑤监测伤员的ABC，必要时进行人工呼吸或CPR。

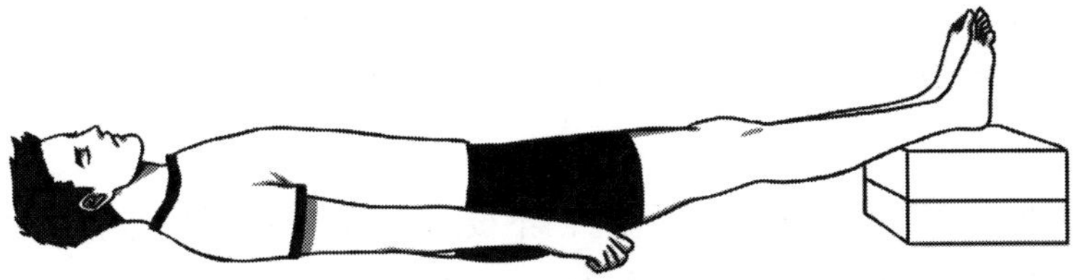

图3-12　无脊柱和头部损伤、意识清醒、有休克时的体位

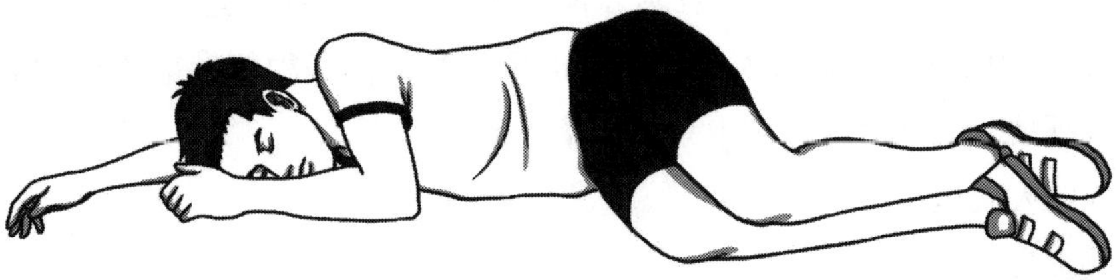

图3-13　无脊柱和头部损伤、意识丧失的体位

（三）如何移动伤员

进行急救时最为困难的问题之一就是什么时候和如何正确地移动伤员。就像所有的急救程序一样，移动伤员的基本原则是要谨慎，所以，只有当你不能处理该损伤或留在原地可能会发生更加严重的损伤时，才应该移动伤员。

1. 如何移动严重受伤的运动员

对于可能有生命危险的或损伤严重的伤员，除非你无法判断其气道是否通畅，是否需要进行人工呼吸或心肺复苏，以及下面的紧急情况，否则不要轻易移动伤员。

①呼吸、心跳停止。

②头部、颈部或脊柱受伤。

③休克。

④大出血和内伤。

除非有充足理由，否则不要移动意识丧失的受伤运动员。当需要移动伤员的肢体或身体以便进行呼吸、心跳的检查和处理时，要把伤员当作有头部和脊柱损伤来处理。所以，在进行移动之前要先固定好头部、颈部和脊柱。

2. 移动非严重性损伤的运动员

损伤不严重的运动员的搬运要简单一些，但是也要注意进行练习。需要时可以对下列情况的运动员进行搬运。

①轻度拉伤和扭伤。

②腹部挫伤（“岔气”）。

③挫伤。

注意，移动伤情不严重的运动员时，不要移动没有对不稳定损伤进行固定的伤员，对情绪不稳定的伤员要等到其安定下来后再帮助他走到场外。

3. 搬运技术

正如进行比赛需要有良好的技术才能取得好成绩一样，进行急救也需要掌握技术。当必须移动伤员或者急救人员需要你的帮助时，你必须能够应用合理的技术来移动伤员。根据情况，下面这些技术是应该掌握的。

- 三或四人搬运法。
- 一人翻身法。
- 一人帮助步行法。
- 二人帮助步行法。
- 四手搬运法。
- 两手搬运法。

使用四人、三人和一人急救的方法只有在严重损伤和意识丧失的情况下才使用，我们不希望你遇到这种情况。在多数情况下你遇到的只是一些运动员的轻微损伤，如肌肉拉伤、手臂挫伤等。遇到这些需要帮助的情况时，你可以采用一人帮助步行法、二人帮助步行法、四手搬运法、两手搬运法帮助他们离开场地。搬运时要保护好自己，如果你有腰部或腿部损伤史，或伤员体重过大，不要去搬运。

（1）三或四人搬运法

此方法多用来搬运意识丧失或脊柱严重受伤的运动员，如将他们搬运到木板或担架上。让专业急救人员或者经过训练的急救人员负责伤员的头部并指挥其他抢救者。这位领导者要按照下列步骤来进行。

①两手手掌夹住头部的两侧（如果有护颈可以给伤者戴上）。

②让其他抢救者蹲在伤员的肩部、臀部和下肢位置的一侧（图3-14a）。

③再让另外一人将担架放在伤员的身体旁边。

④数到3时，大家一起用力将伤员拉向自己（图3-14b）。

⑤将担架塞入伤员身体下方。

⑥慢慢地将伤员放到担架上，在此过程中要保持伤员身体的姿势。

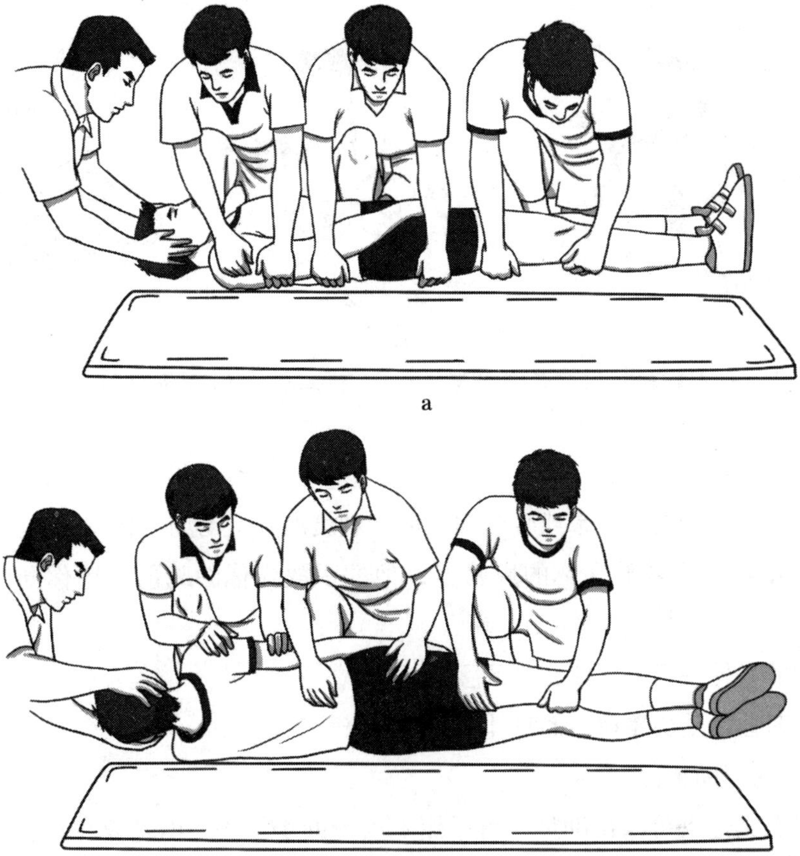

a

b

图3-14　四人搬运：翻转前体位（a）和整体翻转（b）

（2）一人翻身法

如果没有合格的人来协助你，必须由你自己来搬动伤员，按照下列步骤进行。

①站到伤员头顶的上方位置。

②将伤员的远离你身体一侧的手放到身体的侧方，另外一侧的手上举过头顶（图3-15a）。

③用一只手抱住伤员头部以限制颈部活动（图3-15b）。

④让伤员整个身体和头部一起移动，这一点非常重要，可以避免加重可能存在的脊柱损伤。

⑤将手放在运动员的肩上，将运动员的身体和头部一起向你自己的方向转动。

⑥在最小的移动范围内将运动员放在最为舒适的位置，将上举的手放到体侧（图

3-15c）。

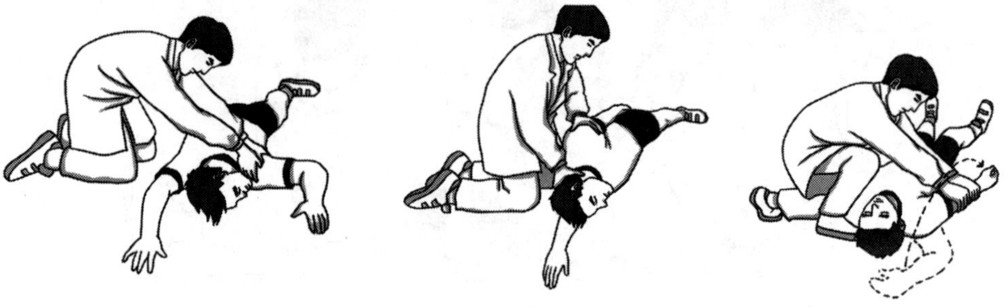

图3-15 一人翻转：固定颈部位置（a）、整体翻转（b）和翻转后位置（c）

（3）一人帮助步行法

这种方法用于帮助有头晕或轻微损伤的运动员离开运动场。具体的步骤如下。

①将运动员的手臂放在你的肩膀上，他的手放在你的胸前，用你同侧的手握住它。

②用你的另外一只手搂住伤员的腰部。

④行走时让运动员靠在你的身体上（图3-16）。

（4）二人帮助步行法

如果还有其他人可以帮助你，可采用二人帮助步行法。但是要注意，另外这个人的行动要听你的指挥。下面是具体步骤。

①给助手发出口令。

②站到伤员的那边去。

③把伤员的那侧手放到你的肩膀上，在胸前握住他的手。

④搂住伤员的腰部。

⑤用你的肩膀和手臂架住伤员，慢慢走到场地边上去（图 3-17）。

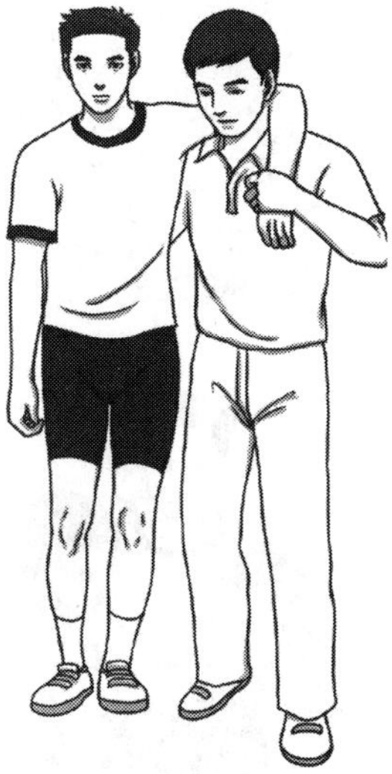

图3-16 一人帮助步行

图3-17 二人帮助步行

（5）四手搬运法

如果运动员有一条腿受了伤，行动不便时，可以采用四手交叉搬运法。这种方法最适合于要行走的路程太远或伤员行走过于困难时的情况。完成这种搬运需要一个志愿者，他要服从你的口令。具体步骤如下：

①用你的左手抓住你的右手臂。

②用你的右手抓另一个人的左前臂（图3-18a）。

③让伤员坐在你们的手臂上，并将双手放在你们的肩上（图 3-18b）。

④注意你的腰部动作和用力方式，不要伤到自己的腰。

（6）两手搬运法

运动员脚受伤，而不能负重时，两手交叉搬运法就是搬运运动员的最佳办法，也可以用于有人搀扶也无法走动的伤员。要想正确地完成这种搬运，你和助手需要进行下列工作：

①抓住对方的手臂（图3-19a）。

②让伤员坐到你们前面的手上。

③让伤员的手臂放在你们的肩膀上。

④用你们的另外的手支撑住伤员的背部（图3-19b）。

⑤慢慢地伸直你们的腿，将运动员抬起。

图3-18 四手搬运：手的位置（a）和搬运技术（b）

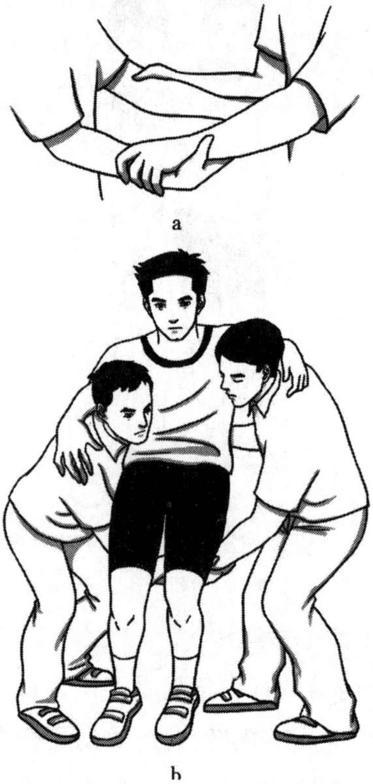

图3-19 两手搬运：手的位置（a）和搬运技术（b）

二、自学内容

（一）临时夹板固定

骨折、关节脱位、二度和三度的韧带撕裂导致关节不稳或者肢体畸形时，必须用夹板进行固定（图3-20～图3-26），以防加重损伤。如果急救人员可以在20分钟内到达现场，让他们来固定肢体。你的急救任务是在急救人员到达之前不许别人移动伤员。如果急救人员在20分钟内不能到达，在伤员的现在体位下进行肢体固定。不要进行骨折或关节脱位的复位。不合理的复位可能会导致神经或动脉的损伤或加重损伤。只有在受伤地点不安全、需要进行人工呼吸、胸外挤压、止血或处理休克等必须改变体位时，才去移动伤者。固定的程序按照以下步骤进行。

①没有固定不稳定损伤之前不要移动受伤的肢体。

②将露出的骨折断端用消毒的纱布进行覆盖，不要将暴露出的骨折断端送回体内。

③固定用的夹板要结实、宽大，并且要用软物包裹起来；不需要昂贵的专用夹板，压舌板、木板、厚纸板、球棒、毛毯,甚至枕头都可以被用作夹板。

④夹板的长度要超过损伤肢体的上下两个关节。如股骨骨折的夹板就要超过髋关节和膝关节。

⑤固定夹板的布条或绷带要系在损伤部位的上方与下方，不能系在损伤部位，并在肢体外侧打结。

⑥定期检查皮肤温度、颜色，以了解固定的松紧度是否合适、有无压迫神经和动脉。如果伤员感到肢体麻木、皮肤颜色发紫或肢体发凉，说明包扎可能过紧。

图3-20　前臂固定术

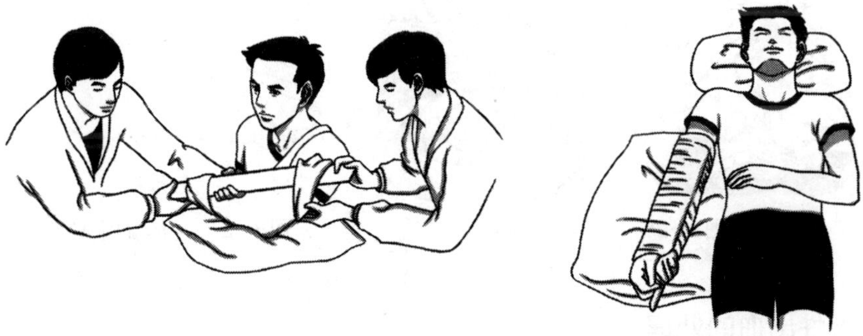

图3-21　肘关节固定术

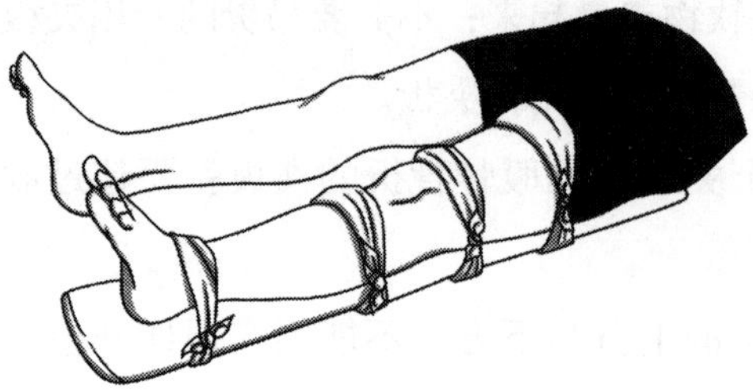

图3-22　大腿固定术

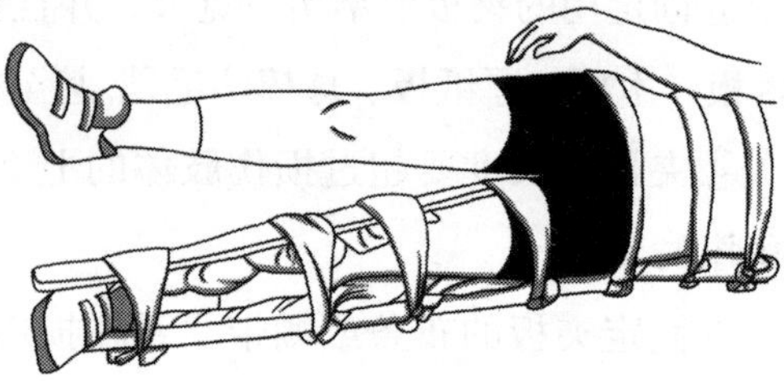

图3-23　膝关节固定术

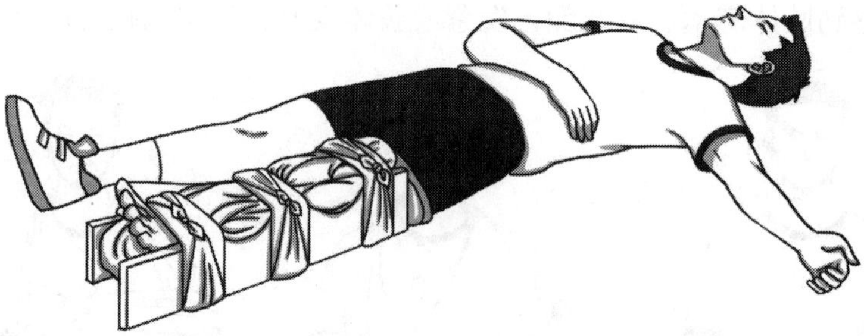

图3-24　小腿固定术

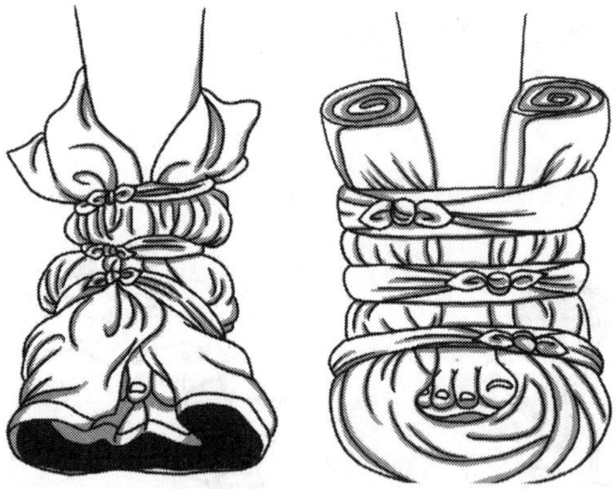

图3-25　踝关节固定术

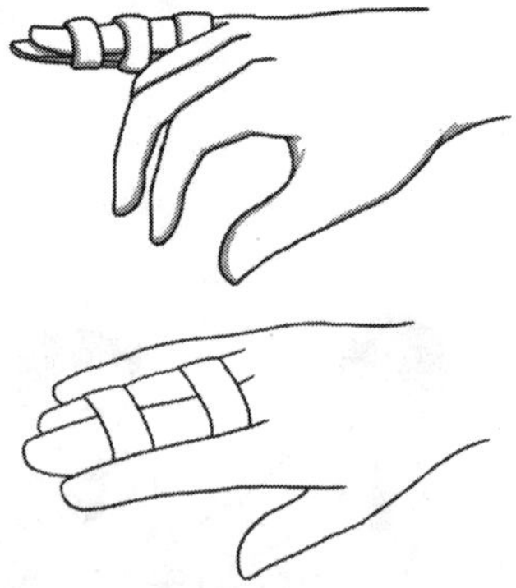

图3-26　手指固定术

（二）慢性出血的处理

固定好不稳定受伤之后，应该处理出血。运动员皮肤发生刺伤、裂伤或切伤后会有一定的局部出血，这时要处理这些出血。这类的出血多发生在脸部、头部、手部和腿部。处理这些出血与处理大出血的手段一样。对于伤口，在现场可以采用蝶形胶布（或创可贴）进行固定。下面是处理过程：

①轻轻清理伤口周围区域。

②在伤口上压上一个棉球，先将蝶形胶布的一侧粘住，再拉到伤口的另外一侧，利用胶布或者创可贴的张力可以使伤口闭合（图3-27）。如果没有蝶形胶布，也可以用卷带或弹力绷带将消毒纱布固定在伤处。

③用消毒纱布覆盖伤口。

④送运动员去医院进行缝合处理。

如果出血不能止住，尽快送医院处理。要持续用力压迫伤口，并抬高患肢。

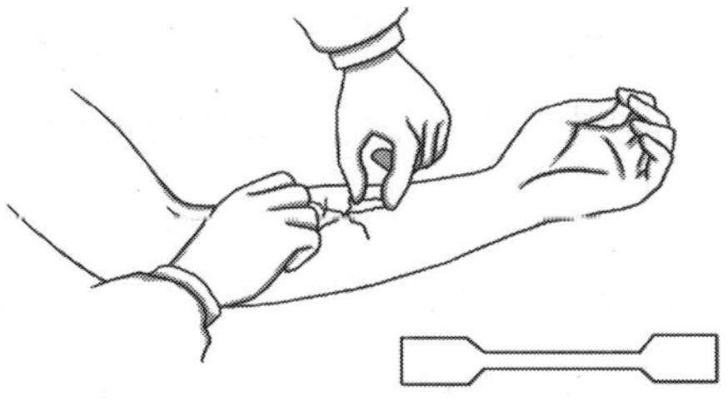

图3-27　蝶形胶布

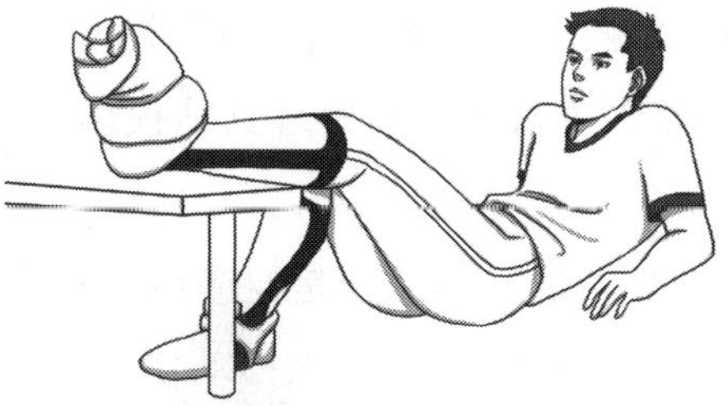

图3-28　踝关节的PRICE

（三）减少局部周围组织的损伤

运动损伤发生后，除了要保护好伤员的受伤部位外，还要注意减少周围组织损伤的可能，特别是发生了严重的骨折、切伤时，因为这类损伤可能会同时导致周围组织的损伤。如骨折断端刺伤周围的神经或血管、切伤的同时伤及神经；再有踝关节扭伤时，不仅伤到了韧带，还有出血和肿胀，这就是为什么会看到伤员的踝关节周围的皮肤颜色改变和肿胀。

发生在特定部位的损伤或感染可导致下列局部组织反应：

①出血或渗出。

②肿胀。

③温度升高。

④疼痛。

⑤功能丧失（无法使用身体的一部分）。

避免局部发生这些不良反应的最好办法就是应用PRICE原则处理，在急救现场对受伤部位应该进行保护、制动、冷敷、加压包扎和抬高伤肢的处理（图3-28）。PRICE原则的具体内容可参考第一章第三节内容。

【本节小结】

预先计划好急救处理次序很重要，常用的急救顺序是：（1）保证生命安全；（2）控制大出血；（3）避免可能加重全身性损伤情况的出现；（4）减少加重局部损伤的可能，进行合理固定后再搬运伤员；（5）处理小出血。

机体受伤后，为了保证重要生命器官的功能会收缩肢体和皮肤的血管减少血液和氧的供应。状况持续时间过长就会导致缺血和缺氧，这就是休克。对于发生休克的运动员的急救顺序是：（1）让人去找急救人员来帮忙；（2）让运动员平卧；（3）保持体温；（4）进行止血和处理其他损伤；（5）监测伤员的ABC，必要时进行人工呼吸或心肺复苏。

移动伤员的基本原则是要谨慎，只有当你不能处理该损伤或留在原地可能会发生更加严重的损伤时，才应该移动伤员。应该掌握的技术是：（1）三或四人搬运法；（2）一人翻身法；（3）一人帮助步行法；（4）二人帮助步行法；（5）四手搬运法；（6）两手搬运法。

骨折、关节脱位、二度或三度的韧带撕裂导致关节不稳或者肢体畸形时，必须用夹板进行固定。固定的程序是：（1）没有固定不稳定损伤之前不要移动受伤的肢体；（2）将露出的骨折断端用消毒的纱布进行覆盖，不要将暴露出的骨折断端送回体内；（3）夹板的长度要超过损伤肢体的上下两个关节；（4）固定夹板的布条或绷带要系在损伤部位的上方和下方，不能系在损伤部位，并在肢体外侧打结；（5）定期检查皮肤温度、颜色，以了解固定的松紧度是否合适、有无压迫神经和动脉。

固定好伤肢之后，应该处理出血。除了要保护好受伤部位，还要注意减少周围组织损伤的可能，应用PRICE原则处理。

思考题

1. 休克的发生机理是什么？有什么特点？
2. 如何进行休克的现场处理？
3. 如何搬运可能有脊柱损伤的伤员？
4. 什么情况下需要进行翻身？如何进行翻身？
5. 什么是一人帮助步行法？
6. 什么是两手搬运法？什么是四手搬运法？

7. 进行临时夹板固定的基本要求是什么?

8. 如何对创口进行处理?

第四节 呼吸和循环系统的急救

一、课堂教学

(一)概述

一名运动员正在进行接力赛跑，他知道这场比赛的重要性，他的比赛成绩将直接影响到全队的团体总分，这也将影响全队是否可以参加下一阶段的比赛。在距离终点还有10米时他突然跌倒在地，当你冲到他面前时发现他呼吸困难、脸色也很苍白。你应该怎么办？前面已经学习过急救ABC——检查气道、呼吸和循环情况。这是你对受伤运动员首先要进行的3项检查。ABC非常重要，因为长时间缺氧将危及生命。如果呼吸停止，心脏及大脑功能将受到影响（心跳停止5分钟，大脑将发生不可逆的损害）。当呼吸、心跳无法恢复，生命也就结束了。

如何判断运动员是否发生了呼吸和循环系统功能障碍和如何处理在急救中非常重要。当遇到可能发生了严重损伤的情况时，首先，你应该赶快派人去找急救人员，这种问题是会有生命危险的，然后，你要立即动手进行急救处理。出现下列情况时，更需要进行紧急抢救。

①气道堵塞：运动员有意识或意识丧失，发生窒息。

②呼吸停止：运动员有意识或意识丧失，呼吸停止。

③心跳停止：运动员有意识或意识丧失，呼吸、心跳停止。

(二)气道阻塞的急救

气道发生阻塞的情况并不多见，在运动中可能发生气道阻塞的原因有：

- 意识丧失导致舌头阻塞气道。
- 呕吐物。
- 异物、食物。
- 过敏导致的肿胀。
- 呛水导致的呼吸道痉挛。

当发生气道阻塞时，你会看到下面情况：

- 异常的呼吸声（喘鸣音）。
- 剧烈或者憋气的咳嗽。
- 无法说话、呼吸或者咳嗽。
- 面色发紫。
- 特殊身体姿势（用手捂住颈部）。

出现上述症状时，你要想到可能是发生了气道阻塞。图3-29是急救过程的一个流程图，描述了对有意识和意识丧失者的处理过程。并告诉你在遇到部分阻塞和完全阻塞时的处理方案。仔细研究这个急救流程后再学习下面的急救技术。

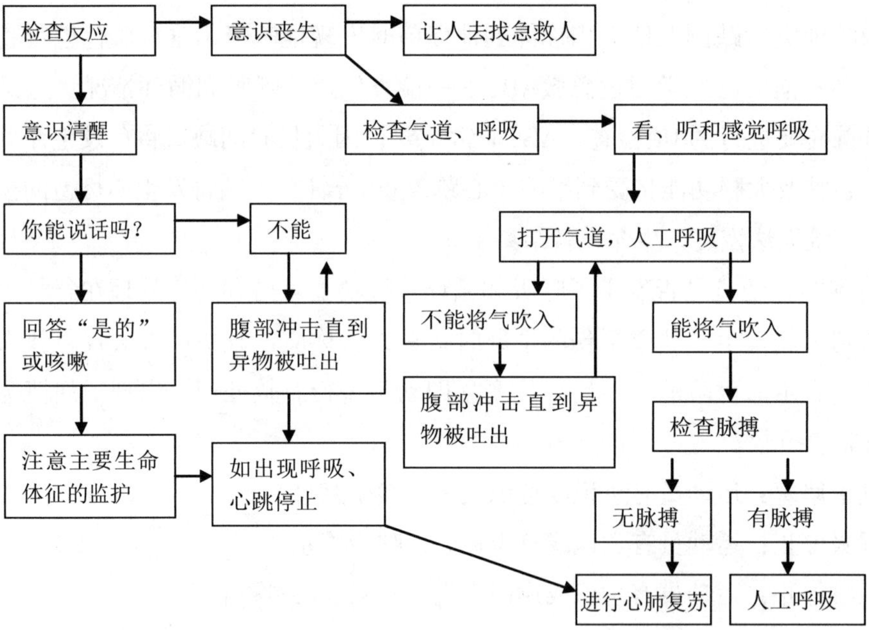

图3-29　气道阻塞的急救流程图

1. 意识清醒运动员的部分气道阻塞的处理

假如一位运动员用手捂着脖子、呼吸困难地要离开场地，首先应该问“你怎么了？”如果他说“没事”，但是你看到运动员有呼吸困难或用手捂着脖子（这是窒息时的典型症状），他遇到的可能是气道部分阻塞的情况，要让他咳嗽。注意运动员的咳嗽情况，直到异物被吐出，呼吸恢复正常或者他的气道完全被阻塞。如果意识清醒的运动员有部分气道阻塞，不要让他采取仰卧位，这可能导致异物下落引起完全性阻塞。如果发生气道完全性阻塞，按照下面要学到的海姆利希氏手法进行处理。如果无效，尽快送运动员去医院。

2. 意识清醒但发生完全性气道阻塞的运动员的处理

假设运动员不能够咳嗽，并且发出明显的喘鸣音。要做的第一件事情应该是问他“你能说话吗？”如果伤员摇头或只是用手捂住颈部，你应该立即采用海姆利希氏手法进行急救。

3. 海姆利希氏急救手法

海姆利希氏急救手法是在20世纪70年代开始采用的一种急救完全性气道阻塞的方法。该方法利用挤压肺内空气，使障碍物排出，使用合理时效果很好。具体操作过程如下。

①站在运动员身后，将你的脚放在伤者的两脚之间。

②将你的手臂从运动员的腋下向前抱住其腰部，位置在肚脐的上方。

③一手握拳，拇指和食指的位置在运动员肚脐的上方（图3-30）。

④用另外一只手握住拳头。

⑤用力向上、向内挤压腹部。

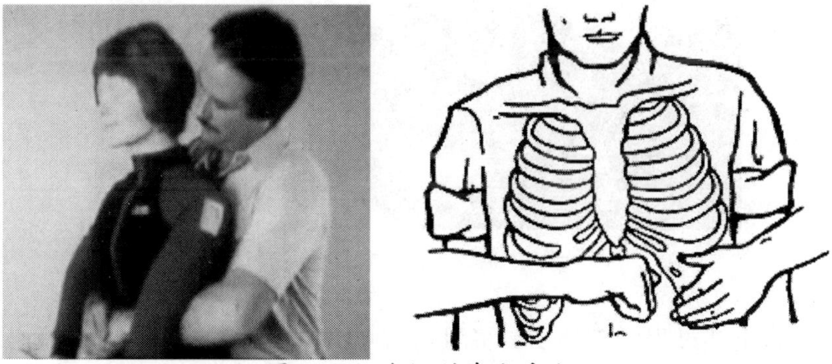

图3-30　海姆利希氏手法

注意：不要将拳头位置放得太高，压到胸骨下端，这样挤压可能会导致胸骨骨折或内伤。如果运动员可以说话或咳嗽了，停止进行海姆利希氏手法，并鼓励运动员说话或咳嗽，否则继续进行海姆利希氏手法直到异物被挤出或运动员意识丧失。

4. 意识丧失的气道阻塞运动员的处理

如果不能将异物挤出，运动员已经昏迷，该怎么办？注意：不要惊慌，因为意识丧失的运动员的肌肉处于放松状态，所以一般不难将异物挤出。如果运动员由于窒息导致意识丧失，你应该进行下列操作。

①防止运动员受伤，如果已经在站立位进行过海姆利希氏手法，用你的身体和下肢保护好运动员的身体，慢慢地让他躺到地板上。

②让运动员取仰卧位。

③将拇指放在其嘴上，压住牙齿将嘴打开；然后用其他手指握住下巴，慢慢将下巴抬起；用你的另外一只手，将食指弯曲在伤员嘴里掏一下。手指从一侧开始，经过舌根部，到靠近自己身体一侧面颊处掏出异物。

④在头部抬起或仅仅下巴抬起（怀疑有脊柱损伤）的姿势下检查气道。

⑤进行两次人工呼吸。

⑥如果不能将气体吹入，用掌根进行5次腹部冲击（海姆利希氏手法），位置应该是骑在伤员的大腿上方，并将掌根放在运动员的肚脐与胸骨下缘之间，手指指向伤员头部。进行冲击时，两手重叠向前下方用力（图3-31）。

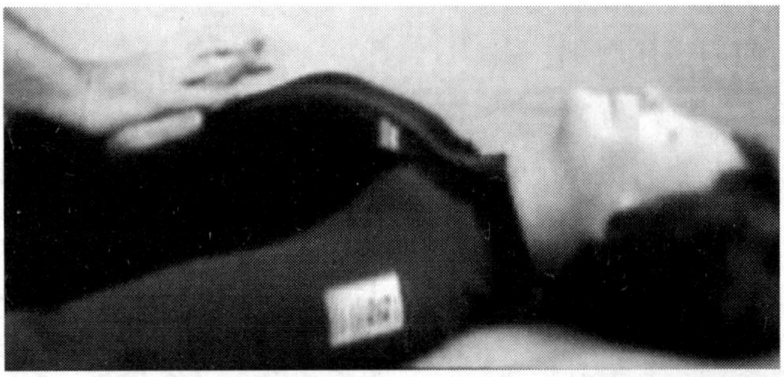

图3-31　海姆利希氏手法的位置

⑦循环进行上述过程，直到伤员将阻塞物吐出，并能够检查到呼吸或心跳。

如果伤员没有呼吸和/或心跳，就需要立即进行人工呼吸和/或CPR。如果有呼吸，还要注意观察脉搏，直到急救人员到达。如果你遇到一个意识丧失的伤员，进行检查后发现有气道阻塞，则应该采用下列措施。

①让人去找急救人员。

②在腹部进行5次海姆利希氏手。

③用手指在嘴里掏一下。

④进行两次人工呼吸。重复上述过程直到异物从嘴里被吐出。

⑤异物吐出后，检查呼吸和脉搏。

窒息是会导致发生生命危险的紧急情况，不可能等到急救人员来了才进行处理，所以要在平时学会其处理方法。

（三）呼吸停止的急救

人工呼吸是一项用于将空气输送到呼吸停止人的体内，以帮助他进行呼吸的技术，你所呼入的气体中含有维持伤员生命活动所必需的氧气。所以，如果一名伤员没有呼吸但是有脉搏，你应该按照下列步骤进行处理。

①派人去找急救人员。

②使伤员头部后仰并抬起下巴或仅抬起下巴（怀疑有脊柱骨折时）以保持气道通畅。

③将急救面罩放在伤员脸上（如果有的话）。

④将你的嘴对着急救面罩或者伤员的嘴（图3-32）。

⑤深吸一口气后，用力吹入伤员嘴内。

⑥将头偏向一侧，以观察伤员的胸部运动，并感觉有无气体从伤员嘴里呼出。

⑦看着其胸部并慢慢地数数，1、2、3、4、5，然后再进行一次人工呼吸。

⑧每5秒重复进行上述过程一次。

进行人工呼吸1分钟后，检查脉搏一次，然后定期检查脉搏。无法进行口对口人工呼吸时可以采用口对鼻人工呼吸（图3-33）。

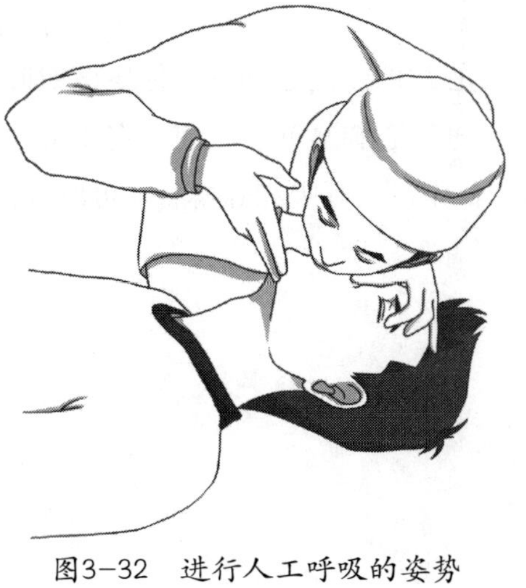

图3-32　进行人工呼吸的姿势

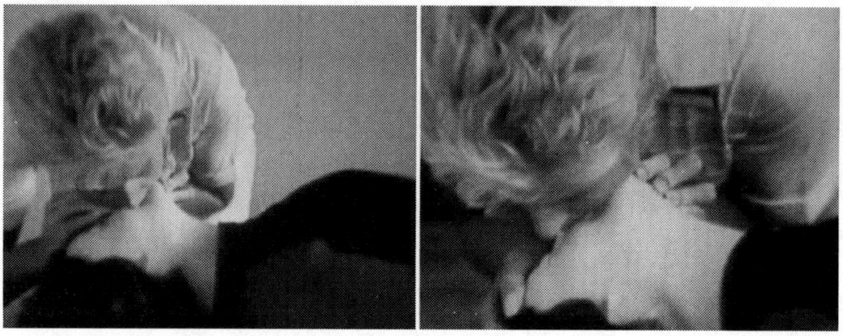

图3-33 口对口人工呼吸（左）和口对鼻人工呼吸（右）

对于意识丧失并伴有呼吸道阻塞的伤员，一旦阻塞物被排出，要首先进行有无自主呼吸的检查。如果仍然没有呼吸，要立即进行人工呼吸。你的人工呼吸要进行到以下情况为止。

①伤员恢复自主呼吸。

②急救人员赶到。

③心跳停止，这时你需要开始进行心肺复苏。

（四）心跳停止的急救

心跳停止一般发生在呼吸停止以后，如果不尽快进行急救，从大约心脏停跳后的6分钟开始，大脑将发生不可逆的损伤，甚至导致伤员的死亡。在美国参加运动训练的中学生中，每年大约发生36起严重损伤，这时需要立即进行心肺复苏以挽救生命。心肺复苏包括人工呼吸和胸外挤压两项技术，其机理就是通过人工的方式保持机体的气体交换和心脏泵血过程。

假设你遇到一名呼吸、心跳停止的运动员，你应该如何处理？应该开始进行心肺复苏的急救（图3-34）。在进行心肺复苏急救前一定要检查伤员的意识是否清醒，然后检查是否有呼吸和脉搏，确定没有呼吸和脉搏后才可以进行心肺复苏。

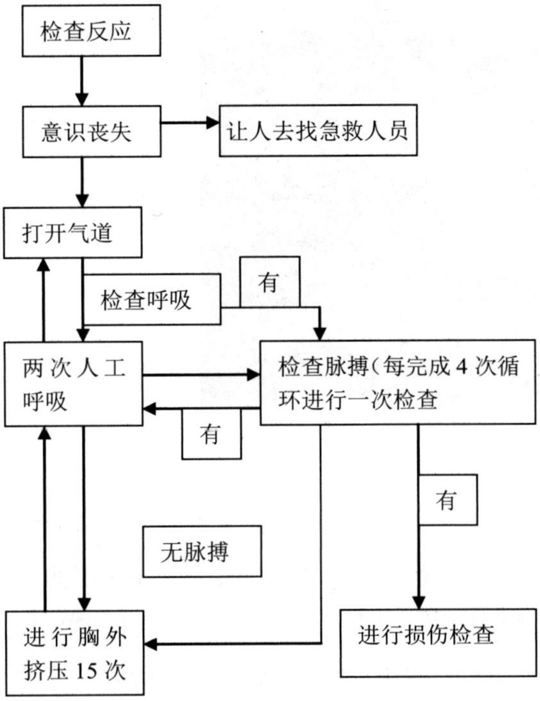

图3-34　呼吸、心跳停止急救处理流程图

心肺复苏由一下3部分组成：

- 保证伤员处于正确的体位。
- 进行胸外挤压技术。
- 进行人工呼吸技术。

教练员要对这些技术的具体要求非常熟悉。另外，还需要知道在运动损伤发生后如何合理地循环使用这些技术。下面将详细讲解在进行心肺复苏时，应该如何安排伤员的体位和你自己的位置、如何进行人工呼吸和胸外挤压及如何循环采用这些技术。

1. 胸外挤压的部位

让运动员仰卧在硬的地面上，你跪在伤员身体的侧方，用你靠近伤员下肢一侧的手的食指和中指沿伤员的肋骨滑向胸骨剑突，将指尖停在剑突下，并将另外一只手的掌根放在你的食指旁边（图3-35）。使你的手指与胸骨垂直；两手重叠地放在胸部；下面手的手指伸直，用上面手的手指交叉握住下面的手，确定只有掌根部接触伤员的胸骨；不能将手指放在肋骨上。伸直你的肘关节，并使你的肩部位于手的正上方（图3-35）。

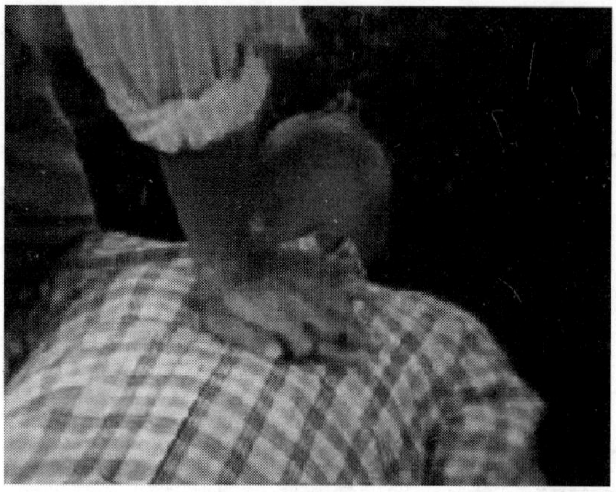

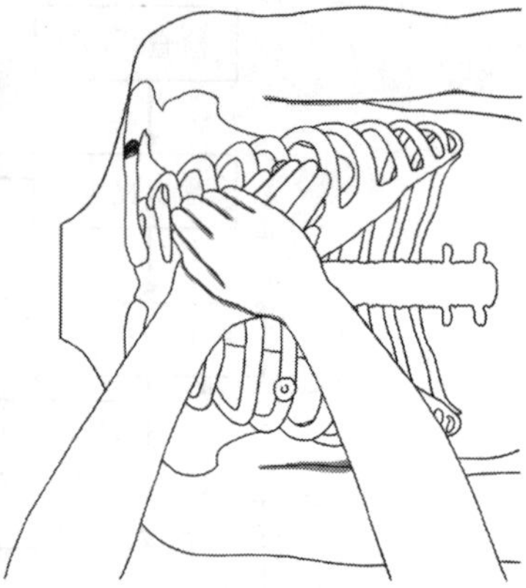

图3-35　进行心肺复苏时手的位置

2. 胸外挤压和人工呼吸

对伤员进行胸外挤压时，应用你的掌根部垂直向下按压胸部（图3-36）。对成年人下压的深度4～5厘米，不能过深。对8岁以下的儿童（不是婴儿）用一只手向下按压3～4厘米。对成年人进行连续的30次按压，按压时为了保证稳定的节奏，要求急救者进行数数，“1、2、3……直到30”。按压的频率为80～100次/分。进行30次胸外挤压后，移动到伤员的头部，打开气道，对伤员进行2次人工呼吸。要注意胸外挤压的常见错误动作（图3-37）。如果是两个人进行抢救，一个人负责人工呼吸，另外一个人负责胸外挤压（图3-38）。先进行2次人工呼吸，然后进行30次胸外挤压。对儿童进行急救时的比例为15次胸外挤压后做2次人工呼吸。挤压过程中，也要进行数数。

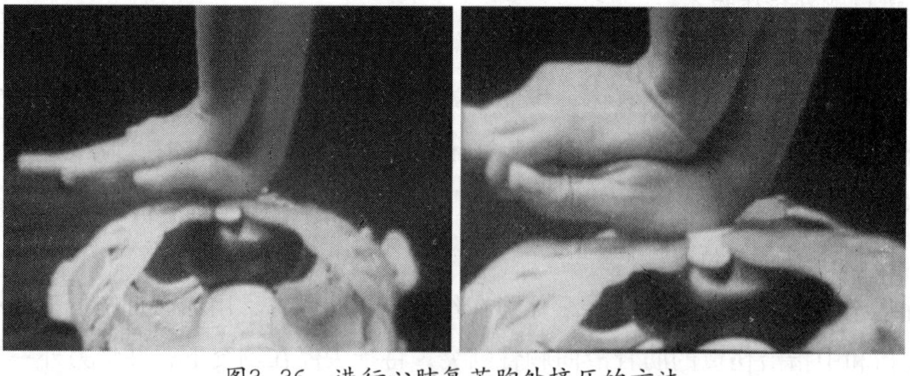

图3-36　进行心肺复苏胸外挤压的方法

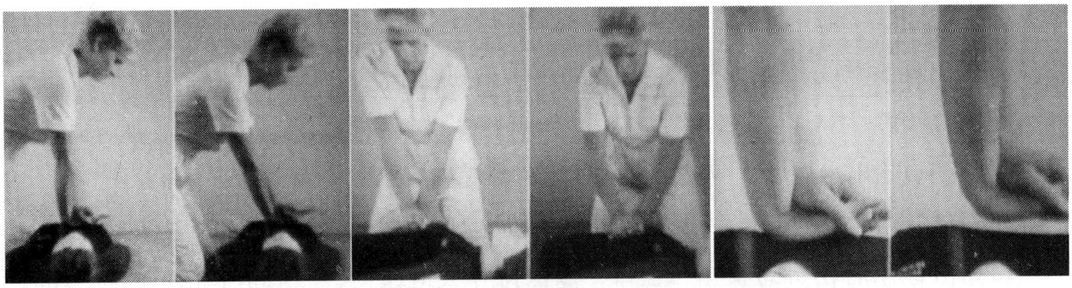

图3-37　常见错误动作：身体前后晃动（左）、肘关节弯曲（中）和手离开体表（右）

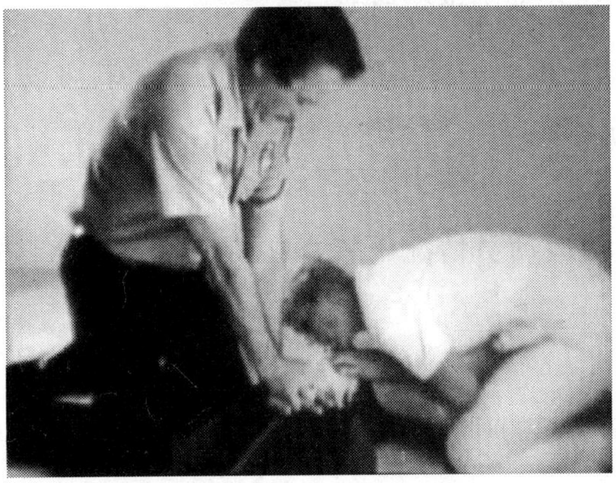

图3-38　两人心肺复苏急救

3. 重复急救过程

如果是单人操作，每完成5次循环后，检查一次脉搏和呼吸情况；如果是两人操作，重复进行2分钟左右检查一次呼吸和脉搏。重复上述急救过程，直到：

①伤员恢复自主心跳和呼吸。

②急救人员赶到。

③抢救者筋疲力尽。

④伤者已经死亡。

二、自学内容

一些可能导致呼吸困难的问题

1. 溺 水

（1）定义

由于将水吸入肺内，导致呼吸障碍，从而影响机体的气体交换过程，导致人体缺氧状况。

（2）症状

伤员出现咳嗽或一般的窒息症状（如用手捂住脖子）。

（3）急救

①将伤员抬出水面后，应立即清除其口、鼻腔内的水、泥及污物。

②用纱布（手帕）裹着手指将伤员舌头拉出口外。

③解开溺水者伤员的衣扣、领口，以保持呼吸道通畅，然后抱起伤员的腰腹部，使其背朝上、头下垂进行倒水；或急救者取半跪位，将伤员的腹部放在急救者腿上，使其头部下垂，并用手平压背部进行倒水。

如果运动员在咳嗽，不要进行急救，只要注意观察就可以。如发生呼吸、心跳停止，尽早进行心肺复苏。

（4）预防

注意观察在水中的运动员情况，禁止在游泳区或跳水区打闹。

2. 哮喘

（1）定义

指由于呼吸道痉挛引起的呼吸道狭窄，导致无法进行正常呼吸的情况。

（2）原因

对灰尘或霉菌过敏、突然暴露在寒冷环境中、吸入烟尘或其他物质是造成运动员哮喘的原因。另外，肺对剧烈运动的反应也会引起哮喘。

（3）症状和体征

①胸部胀满、不能呼吸或呼气困难。

②呼吸时出现喘鸣音。

③皮肤、指甲或嘴唇青紫或苍白。

④心率加快，可以达到120次/分以上。

⑤处于惊恐状态。

（4）急救

①使运动员镇静，将运动员放置在舒适的姿势下。

②问运动员身上有无任何治疗哮喘的药物。

③协助运动员使用治疗哮喘的药物。

④检查运动员的呼吸、脉搏和皮肤颜色。

⑤如果情况不见改善，尽快送医院处理。

⑥必要时进行心肺复苏。

（5）预防

①掌握所有患哮喘运动员的名单。

②鼓励哮喘运动员参加运动锻炼以控制其病情。

③提醒这些运动员在参加比赛或训练时，要携带治疗哮喘的药物。

④在寒冷或空气污染严重的条件下进行比赛时，要特别注意患有哮喘的运动员。

3. 喉部挫伤

（1）定义

运动中，运动员由于喉部受到撞击，导致局部痉挛、损伤而影响呼吸。

（2）原因

运动员在运动中喉部受到直接撞击。这多发于棒球、垒球、曲棍球这类用球杆的项目，运动员在训练中被球杆、球击中；在篮球、足球这类项目中多见于颈部受到肘部的撞击。

（3）症状和体征

①咽喉部疼痛、无法呼吸或呼吸困难。

②呼吸率增加。

③被撞击的喉部可发生肿胀或瘀血。

④咽喉可出现明显变形。

（4）急救

①使运动员镇静，将运动员安置在一个舒适的体位下。

②用冰冷敷受伤部位以减轻肿胀。

③检查运动员的ABC，需要时进行人工呼吸和心肺复苏。

④如果运动员的情况没有改善，让人去找急救人员。

⑤必要时进行抗休克处理。

（5）预防

要求所有曲棍球、冰球运动员，棒球、垒球项目的接球手在训练或比赛时要注意自我保护，使用必要的护具。

4. 腹部挫伤

（1）定义

太阳丛是位于腹部的一个神经结构（图3-39）。该部位受到撞击会导致人产生明显的疼痛，发生呼吸困难。

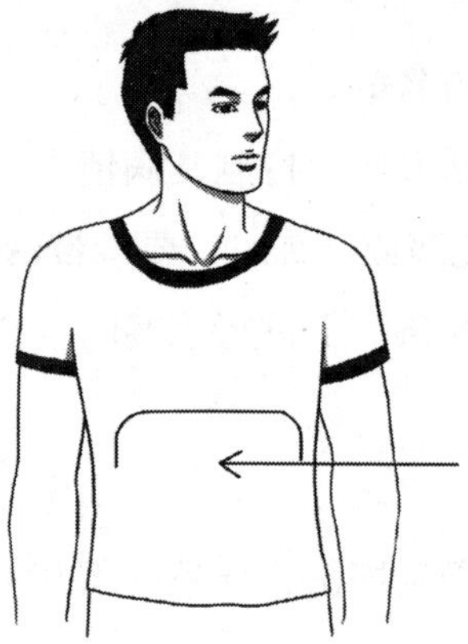

图3-39　腹部太阳丛的位置

（2）原因

腹部受到直接撞击。

（3）症状和体征

腹部明显疼痛、可能出现暂时性意识丧失、呼吸困难或过度换气。

（4）急救

①使运动员镇静，将运动员安置在一个舒适的体位下。

②解开过紧可能影响呼吸的衣服。

③鼓励运动员放松。

④让运动员进行一次深长的呼气后再快吸一口气。

如果运动员在几分钟内不能恢复，要怀疑其有合并症/其他损伤发生，应该采取下列行动：

①让人去找急救人员。

②检查其ABC，在需要时进行人工呼吸和心肺复苏。

（5）预防

保证在运动中使用合理的护具，严禁粗野的动作。

5. 过度换气

（1）定义

由于运动员呼吸过快、过深导致体内二氧化碳水平过低，而出现二氧化碳与氧气在血液中的水平不平衡的情况。

（2）原因

运动员由于兴奋导致呼吸过快、过深和腹部太阳丛受到撞击是主要原因。

（3）症状和体征

①无法呼吸或呼吸快而深。

②手脚麻木，头晕眼花。

③脉搏升高。

④出现甲床或嘴唇青紫或苍白。

⑤感到惊慌和焦虑。

（4）急救

①保持运动员安静，将运动员安置到舒适的位置。

②让运动员对着纸袋呼吸，或者将纸袋罩在其头部或鼻子和嘴上，直到症状消失。

④如果运动员在几分钟内不能恢复，检查有无其他损伤可能导致此问题的发生。

（5）预防

教会容易急躁或兴奋的运动员学会正确的呼吸方法，控制住情绪。

【本节小结】

长时间缺氧将危及生命。如果呼吸停止，心脏及大脑功能将受到影响，当呼吸、心跳无法恢复时，生命也就结束了。如何判断运动员是否发生了呼吸和循环系统功能障碍和如何处理在急救中非常重要。

发生气道阻塞，分为三种情况进行处理：（1）意识清醒的运动员的部分气道阻塞；（2）意识清醒但发生完全性气道阻塞的运动员；（3）意识丧失的气道阻塞运动员。海姆利希氏急救手法是一种急救完全性气道阻塞的方法。该方法利用挤压肺内空气，使障碍物排出，使用合理时效果很好。

人工呼吸是一项用于将空气输送到呼吸停止人的体内，以帮助他进行呼吸的技术，你所呼入的气体中含有维持伤员生命活动所必需的氧气。

心跳停止一般发生在呼吸停止以后，如果不尽快进行急救，从大约心脏停跳后的6分钟开始，大脑将发生不可逆的损伤，甚至导致伤员的死亡。心跳停止需要立即进行心肺复苏挽救生命，心肺复苏包括人工呼吸和胸外挤压两项技术。

疾病、过敏反应、焦虑和身体对抗都可能导致运动员呼吸困难，一些常见的导致呼吸困难的原因有：①溺水；②哮喘；③颈部挫伤；④腹部挫伤；⑤过度换气。通过听和观察一些特殊症状和体征来鉴别这些情况，进行对应的处理。

思考题

1. 可能引起气道阻塞的因素有哪些？如何判断是否完全性气道阻塞？
2. 如何处理部分气道阻塞？如何处理完全性气道阻塞？
3. 什么是海姆利希氏手法？如何操作？
4. 什么是心肺复苏术？
5. 如何检查呼吸情况？如何进行人工呼吸？
6. 如何确定进行胸外挤压时手的位置？胸外挤压常见的错误有哪些？
7. 一人进行呼吸心跳停止抢救时的顺序是什么？
8. 二人进行呼吸心跳停止抢救时应该如何配合？如何交换位置？
9. 有哪些情况可能导致呼吸困难？
10. 发生溺水时应该如何急救？
11. 如何区分运动性哮喘和过度换气？